KB036515

최강 멘탈

최강 멘탈

결정적 순간의 근성, 자신감, 집중력 트레이닝

쓰지 요시후미 지음

김정환 옮김

프롬북스
frombooks

머리말 _____

    스트레스를 받으면 긴장을 풀고, 평소 업무에 대해서는 의욕을 높이며, 자고 싶을 때는 쉽게 잠들고, 승부처에서는 최고의 집중력으로 임한다. 이렇게 온갖 상황에 대응할 수 있는 최적의 멘탈 상태를 만들어내 퍼포먼스를 최고조로 끌어올리는 것이 이 책의 목적이다.

    멘탈 관련 서적을 보면 목표를 설정하라거나 긍정적 사고, 심호흡을 권유하는 경우가 많다. 물론 이런 시도가 어느 정도 퍼포먼스의 개선에 도움을 주는 것은 사실이다. 그러나 인간의 의욕이나 집중력 같은 멘탈을 제어하는 것은 결국 뇌와 자율신경이다. 요컨대 뇌나 자율신경에 접근하지 않고 표면적인 부분만 개선해서는 효과가 오래 지속되지 못하며 장기적인 변화, 즉 행동의 변화를 일으킬 수 없다는 말이다. 무슨 일이든 작심삼일로 끝나버리는 이유는 근본인 뇌가 바뀌지 않았기 때문이다.

진정으로 긍정적인 사고가 되려면 마음을 먹는 것만으로는 부족하다. 뇌 기능이 개선되지 않는 한 한계가 있다는 말이다. 우울증 환자는 그렇지 않은 사람에 비해 전전두피질의 혈류량이 낮다는 사실이 밝혀졌다.[1] 즉, 이 경우 먼저 해야 할 일은 '전전두피질의 활성화'이다. 전전두피질은 계획과 실행 등 인간의 온갖 행동에 관여한다. 따라서 그 전전두피질이 활성화되지 않은 상태에서는 행동을 바꾸려 해도 잘 되지 않는 것이 당연하다.

오랫동안 정신건강의학과에서는 정신건강을 개선하기 위한 방책으로서 주로 약물치료를 실시해왔다. 약을 통해서 뇌에 접근하면 멘탈을 쉽게 제어할 수 있기 때문이다. 그러나 최근 들어서는 이런 약물치료를 대신해 '마인드풀니스' 같은 명상법을 도입하는 의료기관이 늘어났다. 그 배경에는 임상적인 개선 효과뿐 아니라 fMRI(기능적 자기공명 영상)나 PET(양전자방출 단층촬영) 등의 뇌 이미징 기술이 발달함에 따른 과학적 근거의 뒷받침이 자리하고 있다. 구체적으로는 마인드풀니스 등의 명상을 정기적으로 실천하면 뇌의 구조가 변화한다는 사실이 확인된 것이다. 마치 근육을 단련하듯이 뇌도 단련할 수 있다는 말이다! 이것이 마인드풀니스를 '뇌의 팔굽혀펴기'라고 말하는 이유다.

또한 중증 우울증 환자 424명을 대상으로 영국에서 실시한 연구에 따르면, 이들을 두 그룹으로 나눠서 8주 동안 각각 항우울제 투여 또는 마인드풀니스를 통해 치료한 뒤 2년에 걸쳐 추적조사한 결과 이 두 그룹의 우울증 재발률에 차이가 없었다고 한다.[2] 마인드풀니스의 효과가 약물치료와 동등한 수준일 가능성이 있음을 암시하는 연구결과다. 이것을 다른 관점에서 보면 일상적인 마인드풀니스 트레이닝이 뇌의 기능 변화를 가져와 마음의 활동을 정상화시키고 행동 변화를 일으켰다고 생각할 수 있다.

항우울제는 향정신성의약품이므로 외부에서의 자극으로 뇌에 작용해 우울상태가 잘 되지 않는 정신상태를 강제적으로 만들어낸다. 뇌에 불가역적인 힘을 가하므로 효과를 기대할 수 있는 반면에 부작용 문제가 항상 따라붙는다.

한편 마인드풀니스는 부작용의 우려가 없을 뿐만 아니라 자신의 힘으로 뇌를 단련해 뇌 기능을 개선할 수 있다는 점이 큰 특징이라고 할 수 있다. 마인드풀니스의 장점은 사고思考의 쓰레기로 넘쳐나는 뇌의 환경을 바로잡아 뇌의 쾌적성을 높이는 데 있다. 그 결과 머릿속이 상쾌해져서 뇌가 제대로 기능하기 시작해 눈앞의 행동에 몰두할 수 있게 된다.

이렇게 뇌가 중립적인 상태만 되더라도 단순히 일상생활을 보내기에는 충분하다. 그러나 이 책의 목적은 온갖 상황에서 최적의 멘탈 상태를 만들어내 언제 어디서나 최적의 퍼포먼스를 발휘할 수 있게 하는 것이다. 그런 관점에서 보면 단순히 뇌가 중립적인 상태는 아직 50퍼센트의 완성도밖에 안 된다고 말할 수 있다. 뇌의 쾌적성을 높여서 중립적인 상태로 만드는 것은 멘탈의 기반을 다지는 단계라고 인식하기 바란다. 이것을 출발점으로 다양한 상황에 맞춰서 멘탈을 컨트롤할 필요가 있다. 구체적으로는 '각성 수준의 컨트롤'이다.

집중력을 요구하는 상황에서는 각성 수준을 높일 필요가 있으며, 압박감이 가해지는 상황에서는 각성 수준을 낮춰서 긴장을 풀 필요가 있다. 시합에 임해야 할 때 필요한 멘탈과 자려고 할 때 필요한 멘탈이 각각 다르듯이 최적의 멘탈 상태는 때와 상황에 따라 달라진다.

또한 중요한 요소로서, 멘탈에는 개인의 체질이 크게 관여한다. 평소에도 신경이 예민한 사람이 있는가 하면 항상 졸린 듯 멍해 보이는 사람도 있다. 이것은 사람마다 기본적인 각성 수준이 다름을 의미한다. 신경이 예민한 유형인 사람이 승부처에서 집중력을 높이려고 기합을 넣으면 각성 수준이 지나치게 높아져서 공황상태에 빠지고 만다. 반대로 평소에 멍한 유형인 사람이 승부처에서 긴장을 풀려고 하면 각성 수준이 지나치게 낮아져서 조는 상태가 되어버린다.

지금까지 이런 개인의 체질을 고려하지 않고 긴장을 풀거나 기합을 넣은 결과 퍼포먼스가 향상되는 사람과 그렇지 않은 사람이 생겨난 것으로 추측된다. 요컨대 '상황에 맞는 컨트롤'과 '뇌의 유형에 맞는 컨트롤'을 결합시킬 때 비로소 진정한 멘탈 컨트롤이 되는 것이다.

1장에서는 멘탈 강화에 관한 이론적인 설명을 하고, 2장에서는 자신의 뇌 유형을 스스로 점검하는 방법을 소개하며, 3장과 4장에서는 실제 멘탈 강화법에 관해 설명한다. 그리고 5장에는 응용편으로서 스트레스 환경에서 도움이 되는 테크닉을, 마지막 장에는 실제 사례를 정리했다.

이 책을 읽은 독자 여러분이 어떤 어려움에도 굴복하지 않는 '최강의 멘탈'을 손에 넣고 꿈 또는 목표의 실현을 향해 매진할 수 있기를 기원한다.

쓰지 요시후미

차례

1장 어떻게 해야 '최강의 멘탈'에 가까워질 수 있을까?

2장 접근법을 판단하기 위한 뇌 유형 진단

5장 스트레스를 줌으로써 최강의 멘탈에 더욱 가까워진다!

6장 존 상태로 이끄는 피크 퍼포먼스 프로그램

1장

어떻게 해야 '최강의 멘탈'에
가까워질 수 있을까?

'최강의 멘탈'이란?

'최강의 멘탈'이란 어떤 상황에서도 일정한 성과를 낼 수 있는 멘탈을 가리킨다. 이것은 슈퍼맨으로 변신하는 것이 아니다. 어디까지나 한정된 시간과 환경 속에서 자신이 지닌 능력을 최대한으로 이끌어내는 능력을 의미한다.

스포츠에 관심이 있는 사람이라면 '존Zone'이라는 말을 들어본 적이 있을지도 모르겠다. 존은 최고의 정신상태를 나타내는 말로, 심리학 분야에서는 '플로Flow', 스포츠 심리학 분야에서는 '피크 퍼포먼스Peak Performance'라고 부른다. 비즈니스 서적에서도 "존 상태에 돌입해서 업무를 척척 처리하자!"라는 취지의 내용을 가끔 볼 수 있다.

그러나 의도적으로 존 상태에 돌입하는 것은 안타깝지만 매우 어려운 일이다. 존은 이완과 집중이 극한에 이른 상태로, 비유하자면 다이얼이 밀리미터 단위로 정확하게 맞물린 정신상태다. 아주 약간의 어긋남도 용납되지 않는다. 이런 정신상태를 자유자재로 조작할 수 있을까?

편안하고 안정된 공간이라면 훈련을 통해서 그에 가까운 상태를 어느 정도 만들어낼 수 있다. 그러나 압박을 받는 상황에서 매번 의도적으로 그 상태를 만들어내기는 매우 어렵다. 실제로 당사자인 운동선수들조차도 진정한 존 상태에 돌입한 경험이 있는 사람은 그리 많지 않다. 게다가 존 상태에 돌입한 경험이 있는 운동선수들에게 "다시 한 번 그 상태를 만들어낼 수 있겠습니까?"라고 물어보면 틀림없이 못한다고 대답할 것이다. 존은 그만큼 감각적이고 종잡을 수 없는 상태다.

소수이기는 하지만 몇몇 운동선수는 실제로 존 상태를 체험했으므로 적어도 인간의 뇌에 그런 미지의 능력이 존재한다는 사실은 부정할 수 없다. 다만 아직은 그 스위치가 어디에 있는지를 과학적으로 밝혀내지 못했다.

그런 가운데 최근 들어서 뇌파의 주파수 영역, 즉 각성 수준에서 존을 과학적으로 해명하자는 접근법이 등장했다(자세한 내용은 2장을 보기 바란다). 존을 경험한 운동선수들의 인터뷰를 보면 몇 가지 공통점을 발견할 수 있다.[1]

· 정신적으로 편안했다.

· 육체적으로 편안했다.

· 현재에 집중하고 있다는 감각.

특히 심리 측면에 관한 인터뷰 내용을 발췌해보면 몸과 마음 모두 편안하면서도 집중할 수 있는 상태임은 틀림이 없는 듯하다. 이것은 스포츠 심리학의 분야에서 제창된 '역U자 모델'에서 정점 부근의 정신상태가 되며, 다음 도표에서는 점선의 안쪽에 해당한다. 이 각성 수준을 '중각성 상태中覺醒狀態'라고 한다.

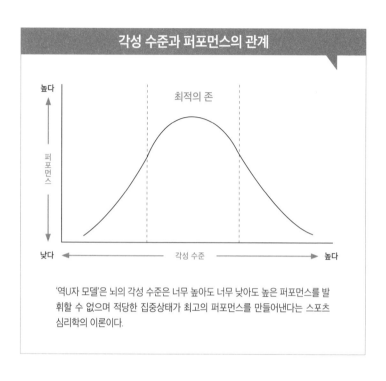

'역U자 모델'은 뇌의 각성 수준은 너무 높아도 너무 낮아도 높은 퍼포먼스를 발휘할 수 없으며 적당한 집중상태가 최고의 퍼포먼스를 만들어낸다는 스포츠 심리학의 이론이다.

중각성 상태가 이완과 집중의 균형이 잡힌 각성 영역, 즉 '면面'이라면 존은 '점點', 즉 그 상태가 더욱 극대화된 핀 포인트의 정신 상태라고 할 수 있다. 이 핀 포인트를 지향하는 것은 만루홈런을 노리는 것이므로 그다지 현실적이라고 말할 수 없다. 그래서 '최강의 멘탈'은 중각성 상태를 지향한다. 중각성 상태를 목표로 삼으면서 그러다 운 좋게 존 상태에 들어가면 대성공이라는 전략이 훨씬 현실적이기 때문이다. 존이 만루홈런이라면 '최강의 멘탈'은 양산형 안타이다.

상사를 야구감독에 비유한다면, 감독은 어쩌다 한 번 대형 홈런을 치는 선수보다 꾸준하게 안타를 쳐주는 선수를 더 중용할 것이다. 이것은 그 사람에게 업무를 맡길 경우 어느 정도 결과를 예측할 수 있으므로 상사의 불안감이 경감되기 때문이다. 상사도 사람인 이상 불안감이 없을 수가 없다. 그리고 사람은 전망이 서지 않는 상황에 있을 때 가장 스트레스를 받는다.

반대로 아무리 장대한 프로젝트라 해도 계획을 달성할 전망만 선다면 스트레스는 단숨에 경감된다. 메이저리그에서 활약했던 스즈키 이치로 선수는 "엄청난 경지에 다다르는 유일한 길은 작은 것을 쌓아올리는 것이라고 생각합니다"라고 말했다. 이 말에는 누구나 공감할 것이다. 이치로 선수는 매일 정해진 방식으로 혹독한 훈련을 했다. 이렇게 살 수 있다면 어떤 분야에서나 상당한 수준까지 도달할 수 있다.

다만 대부분은 이치로 선수를 선망의 시선으로 바라볼 뿐 자신은 절대 그렇게 하지 못할 것이라고 느끼는 듯하다. 무엇인가를 이루어내는 것이 그만큼 어려운 일임을 인식하고 있다는 뜻이리라.

그러나 이치로 선수는 작은 것을 쌓아 올린 끝에 성장한 자신의 모습을 머릿속에 생생하게 그리고 있었을 것이다.

어떻게 최강의 멘탈에
가까워질 것인가?

그렇다면 대체 어떻게 해야 일정한 성과를 지속적으로 낼 수 있을까? 사람은 누구나 일이 순조롭게 되는 날도 있고 잘 안 되는 날도 있기 마련이다. 그 기분이나 집중력의 편차가 퍼포먼스의 지속을 저하시키는 커다란 요인 중 하나라고 생각할 수 있다. 여기에는 전날의 수면량이나 수면의 질, 음주 유무, 식사 내용이나 외부 기온의 영향 등 다양한 요인이 얽혀 있을 것이다. 물론 운동선수처럼 이런 요인 하나하나에 신경을 쓴다면 그보다 좋을 수는 없지만, 보통의 직장인의 경우 업무 이외에도 다양한 인간관계가 있기 때문에 조절하는 데도 한계가 있을 것이다.

그래서 이 책에서는 육체를 단련하듯이 멘탈을 단련하는 방법, 과학적인 트레이닝을 통해 높은 퍼포먼스를 이끌어내는 방법에 초점을 맞춰서 전하려 한다.

멘탈도 트레이닝으로
단련할 수 있다

    현재 일반적으로 알려진 멘탈 단련 방법 가운데 유명한 것은 '마인드풀니스'가 아닐까 싶다. 여러 연구기관들이 과학적 근거를 확립했고 구글과 인텔, 트위터 같은 세계적 대기업들이 사원의 퍼포먼스 향상 프로그램의 일환으로 마인드풀니스를 도입한 것이 마인드풀니스 열풍의 배경이라고 할 수 있다. 최근에는 마인드풀니스를 지속적으로 실천하면 '배외측 전전두피질'이나 '섬피질'을 중심으로 뇌가 단련되어 근육 트레이닝을 한 근육처럼 뇌가 비대해진다는 사실이 밝혀졌다.[2] 또한 그 단련된 배외측 전전두피질에는 불안과 관련된 뇌의 기관인 '편도체'로부터의 출력을 억제해주는

효과가 있다는 사실도 알게 되었으며,[3] 편도체의 부피가 작아진다는 사실도 밝혀졌다.[4]

마인드풀니스는 지금으로부터 약 2,500년 전에 석가모니가 제창한 '위파사나'라는 명상이 바탕이 되었는데, 과학기술이 발전한 현대에 이런 전통적인 정신 단련법이 세계적으로 유행하고 있는 것도 매우 흥미로운 일이다. 그만큼 어느 시대에나 멘탈의 강화가 중요시되었던 것이리라.

예전에는 사고방식이나 세상을 바라보는 시각을 바꾸는 인지행동요법과 약물요법이 주류였지만, 최근에는 마인드풀니스처럼 뇌를 단련하고 뇌의 구조를 바꿈으로써 마음의 활동을 정상화시키는 방법이 주류가 되었다. 이 책에서 소개하는 최강의 멘탈 단련법은 마인드풀니스와 호흡법, 요가 등 기본적으로 집에서 할 수 있는 방법을 중심으로 구성되어 있다. 바쁜 직장인들은 어떤 시설에 정기적으로 다니는 것이 현실적으로 어렵기 때문이다. 또한 운동선수의 경우도 멘탈 강화를 위한 비용을 감당할 수 있는 사람은 메이저 스포츠의 일부 선수로 한정되어 있다. 그런 까닭에 전체적인 멘탈을 향상시킬 현실적인 방법을 생각할 경우 '특별한 도구나 장소, 비용이 필요하지 않을 것'이 필수 조건이 된다.

최강의 멘탈에
가까워지기 위한 3단계

그러면 이제부터 구체적으로 멘탈을 단련하는 방법론에 관해 이야기하겠다.

앞에서도 말했듯이 '최강의 멘탈'이란 이완과 집중의 균형이 잡힌 중각성 상태를 의미하며, 이것이 극한에 이른 상태가 '존'이다. 그러므로 뇌를 중각성 상태가 되도록 조정한다면 이론적으로는 존 상태를 이끌어낼 수 있다.

이를 위해서는 첫째 분석, 둘째 강화, 셋째 적응이라는 3단계를 거쳐야 한다.

먼저 자신의 뇌가
어떤 유형인지 알아야 한다

이때 중요한 점은 중각성 상태를 만들어내는 방법이 사람마다 다르다는 것이다. 프레젠테이션 전이나 경기 전의 자기 컨트롤이라고 하면 심호흡을 해서 긴장을 푸는 광경이 금방 떠오를 것이다. 그러나 평소에 멍한 유형인 사람이 승부처에서 심호흡을 해서 긴장을 푸는 방법으로 높은 퍼포먼스를 발휘할 수 있을까? 오히려 주의가 산만해져서 부주의한 실수를 연발할 것이다. 반대로 신경이 예민한 유형인 사람의 경우는 심호흡으로 뇌의 흥분도를 낮추는 것이 효과적이라고 할 수 있다. 요컨대 졸음을 띠는 '저각성 유형'은 집중력을 높여서 각성 수준을 높임으로써 중각성 상태로, 뇌가 과활동을 하는 '고각성 유형'은 이완을 촉진해 각성 수준을 낮춤으로써 중각성 상태로 이행할 수 있는 것이다.

그러므로 먼저 해야 할 일은 자신의 뇌의 각성 유형을 '분석'하는 것이다. 이것은 '스트레스 프로파일'이라고 부르는 멘탈 분석법으로, 외국의 운동선수나 경영진이 주로 사용한다. 육상선수라면 자신이 단거리형 유전자를 지니고 있는지 장거리형 유전자를 지니고 있는지 확인하는 식이다. 장거리형 유전자의 소유자와 단거리형 유전자의 소유자가 똑같은 스피드 훈련이나 스태미나 훈련을 한들 같은 효과를 얻을 수 없음은 누구나 이해할 수 있을 것이다. 이것은 멘탈의 경우도 마찬가지다.

최강의 멘탈에
접근하는 방법

스트레스 프로파일을 통해서 자신의 뇌의 유형을 판별했다면 다음에는 자신에게 맞는 방법으로 중각성 상태를 만들어낸다. 이것이 곧 '강화'다.

그 접근법에는 세 종류가 있다. 먼저 바탕이 되는 것은 눈앞의 업무나 플레이에 몰두하기 위한 뇌 만들기, 즉 마인드풀니스다.

"경쟁 프레젠테이션에서 이길 수 있을까……?"

"페널티킥을 성공시킬 수 있을까……?"

이런 아직 알 수 없는 결과에만 신경을 쓴다면 두려움 속에서 프레젠테이션이나 플레이를 하게 되며, 따라서 당연히 좋은 결과를 얻을 수 없다. 스포츠 경기의 현장에서는 코치가 "플레이에 집중해!"라고 조언하는 모습을 종종 볼 수 있는데, 사실은 평소부터 눈앞의 플레이에 집중하는 훈련을 쌓고 그와 관련된 뇌의 특정 부위를 단련해놓아야 하는 것이다.

다음으로 필요한 것은 '자율신경 균형'의 조정이다. 업무에 몰두할 때나 시합에 임할 때, 휴일이나 잠들기 전 같은 부교감신경이 우위인 이완상태에서는 긴장을 요하는 다양한 사태에 대응하지 못한다. 반대로 교감신경이 우위인 날카로운 긴장상태에서도 역시 평소의 힘을 발휘하지 못한다. 승부처에서 바람직한 상태는 '적당한' 긴장상태인 것이다. 자율신경의 관점에서 언급하면 이것은 교감신경과 부교감신경의 균형이 잡힌 상태다.

현재는 과학기술의 발달로 자율신경의 상태도 가시화할 수 있는 시대가 되었다. 요컨대 자신의 자율신경의 상태를 가시화하면서 교감신경을 높이거나 부교감신경을 높일 수 있다는 뜻이다. 놀라운 시대가 된 것이다.

마지막은 집에서는 할 수 없는 것인데, 뇌파를 이용한 최신예 트레이닝인 '뉴로피드백'이다. 자율신경 균형을 조정하는 방법이 '말초계 접근법'이라고 불리는 데 비해 뉴로피드백은 뇌를 직접 컨트롤하는 까닭에 '중추계 접근법'이라고 불린다.

구체적으로는 전용 뇌파계로 뇌파의 상태를 가시화하면서 잡념과 관련이 있는 '세타파'(4~7헤르츠)나 긴장과 관련이 있는 '고베타파'(23~36헤르츠)를 억제하고 이완·집중과 관련이 있는 'SMR파'(12~15헤르츠)를 강화함으로써 중각성 상태를 만들어낸다.

트레이닝 프로그램은 스트레스 프로파일의 결과에 입각해서 구성된다. 마인드풀니스와 자율신경 최적화 트레이닝, 뇌파 최적화 트레이닝을 조합함으로써 중각성 상태의 존을 과학적으로 이끌어낸다.

기초 트레이닝과
응용 트레이닝

    방금 소개한 세 가지 트레이닝은 말하자면 토대가 되는 기초 트레이닝이다. 안타깝지만 비즈니스나 스포츠 경기 등의 현장에서는 이것만으로는 충분치 못하다. 마인드풀니스가 좋은 예인데, 여러분이 실력을 발휘해야 하는 현장은 사찰이나 요가 스튜디오 같은 조용하고 편안한 공간인가? 만약 그렇다면 앞에서 소개한 트레이닝으로도 충분히 도움이 될 것이다. 그러나 대부분은 긴장감으로 가득한 현장에서 높은 퍼포먼스를 요구받고 있지 않을까? 그렇다면 응용 트레이닝으로서 스트레스 환경에서의 마인드풀니스 트레이닝이 별도로 필요하다. 이것이 '적응'에 해당한다.

권투를 예로 들면, 샌드백을 치는 훈련만 하고 시합에 나설 수 있는 선수는 거의 없을 것이다. 펀치의 기본을 익힌 뒤에는 스파링을 통해서 실천해봐야 비로소 실전에서 활용할 수 있는 기술이 된다. 그런데 멘탈의 경우는 안정된 공간에서 기초 트레이닝만 해도 충분한 것일까? 물론 그럴 리는 없다.

스트레스를 받는 상황에서도 눈앞의 업무나 플레이에 몰두할 수 있도록 평소 트레이닝을 쌓아놓는다면 틀림없이 승부처에서 실력을 발휘하는 데 큰 도움이 될 것이다.

멘탈을 단련하고 있는
각계의 유명인과 기업

마지막으로 요가나 명상, 최신 테크놀로지를 실제로 구사해 멘탈을 단련하고 있는 각계의 유명인과 기업을 소개하면서 이 장을 마무리하겠다.

요가

노바크 조코비치(테니스 선수)

조코비치 선수는 요가 덕분에 경기 중의 기분 전환을 효과적으로 할 수 있게 되었다고 한다. 테니스는 멘탈 스포츠이기도 한 까닭에 부정적인 감정을 오래 끌고 가지 않는 것, 순간적으로 기분을 전환하는 것이 승부의 열쇠가 된다.

일을 하는 이상 실수나 실패는 따라오기 마련이다. 특히 부하직원을 통솔해야 하는 리더라면 실수를 언제까지나 마음에 담아둬서는 안 된다. 분노 등의 부정적인 감정을 옆으로 치워놓고 방치하는 것은 리더의 중요한 능력 중 하나라고 할 수 있다.

테니스 선수의 경우 초보적인 실수를 저지르면 금방 타월로 얼굴의 땀을 닦으며 기분을 전환하거나 뒤로 돌아서서 부정적인 감정을 발산해버리고 다시 정면을 향했을 때는 기분을 초기화시키는 습관을 들이는 경우도 많다고 한다. 이것은 일종의 루틴이라고 부를 수 있는 것으로, 일련의 행동과 감정을 한 세트로 만듦으로써 행동을 통해서 멘탈을 바꾸는 방법이다. 루틴이라고 하면 메이저리그의 이치로 선수나 럭비의 고로마루 아유무 선수가 유명한데, 그들도 일련의 행동을 통해 집중력을 높임으로써 그 집중력이 최고점에 다다른 상태에서 스윙이나 킥을 하는 것이다(스즈키 이치로는 타석에 들기 전에 타자 대기석에서 항상 똑같은 자세로 스트레칭을 했으며, 고로마루 아유무는 럭비공을 땅에 놓고 차는 플레이스킥을 하기 전에 두 손을 모은 상태에서 양 둘째손가락을 세워서 서로 붙이고 오른손의 셋째

손가락과 넷째손가락을 살짝 세우는 일명 '고로마루 포즈'를 취하며 집중한 다음 킥을 하는 것으로 유명하다-옮긴이).

나가토모 유토(축구선수)

나가토모 선수는 2014년에 경기 도중 어깨가 탈구된 것을 계기로 요가를 시작했다고 한다. 수술 대신 재활훈련의 일환으로 어머니에게 권유를 받았다고. 그런데 요가를 시작한 뒤로 경기력이 놀랄 만큼 향상되었고, 나아가 '동요하지 않는 마음'도 손에 넣었다고 한다.

요가는 딱딱하게 굳은 몸을 풀어주고 심층근(이너머슬)을 단련시켜줄 뿐만 아니라 잡념으로부터 해방시켜주며 플레이 중의 감각을 날카롭게 만들어준다고 한다. 또한 나가토모 선수는 자신의 저서인 『나가토모 유토의 요가 친구—마음과 몸을 바꿔주는 신감각 트레이닝長友佑都のヨガ友 ココロとカラダを変える新感覚トレーニング』(아스카신사)에서 "육체뿐만 아니라 멘탈의 측면도 단련시킬 수 있기에, 존 상태에 돌입한 것 같은 높은 경기력을 지향하는 정상급 운동선수들의 종착점은 결국 요가가 되지 않을까 생각한다"라는 말도 했다.

요가를 실천하는 운동선수들의 이야기를 들어보면 체간 등 피지컬적인 측면의 효과에 관해서만 언급하는 경우가 많은데, 멘탈의 변화에 관해서도 명확하게 이야기한 점은 역시 정상급 선수답다. 이 멘탈 측면의 효과는 요가와 함께 실천하고 있는 마인드풀니스의 영향도 있을 것으로 생각된다.

요가에서는 서양처럼 육체와 정신을 분리해서 생각하지 않고 어디까지나 이 둘을 하나로 생각한다. 육체를 단련하는 가운데 정신이 단련되고, 정신을 단련하는 가운데 육체가 단련된다. 이것이 요가의 진수인 것이다.

힉슨 그레이시(400전 무패의 주짓수 달인)

힉슨 그레이시가 한 번도 패하지 않았던 비밀 중 하나로 10대 시절부터 몰두했던 요가의 영향을 생각할 수 있다. 그의 말에 따르면, "요가를 하면 마치 몸에 터보엔진이 켜진 듯한 감각이 된다"고 한다.

또한 컨디션이 좋다고 느꼈을 때는 본능대로 싸우고, 컨디션이 나쁘다고 느낀 날에는 유술의 기본으로 돌아가 테크닉으로 상대를 제압했다. 그날그날의 컨디션이나 몸이 지금 무엇을 요구하고 있는지 알 수 있게 된 것도 요가를 통해서 감각이 깊어진 덕분이라고 한다.

사람에게는 바이오리듬이라는 것이 있어서, 이른바 컨디션이 좋은 날과 나쁜 날이 있기 마련이다. 여기에 하루 중에서도 컨디션이 좋은 시간대와 좋지 않은 시간대가 있다. 그날의 보이지 않는 흐름, 바다에 비유하면 조류의 흐름을 능숙하게 타는 것도 항상 마감일에 쫓기며 사는 직장인들에게는 중요한 요소다. 컨디션이 좋을 때는 창조적인 업무를 우선하고 컨디션이 좋지 않을 때는 사무적인 작업으로 전환하는 등의 궁리를 하면 업무의 흐름이 정체되는 사태를 최소한으로 억제할 수 있을 것이다.

게리 로페즈(서핑의 신)

게리 로페즈는 10대 시절부터 요가에 열중했다고 한다. 그리고 지금도 매일 아침저녁 요가를 절대 거르지 않는다고 한다. 요가 덕분에 피로가 남지 않게 되어 더 긴 시간 동안 파도를 탈 수 있게 되었다고. 게다가 면역력도 높아져 부상에서 회복되는 속도도 빨라졌다고 한다.

물론 육체에 대한 효과만 느끼는 것은 아니며, 정신적으로 마음이 맑아지고 차분함을 얻을 수 있게 되었다고 한다. 몸과 마음 양쪽이 모두 편안할 때 비로소 진정한 안식을 얻을 수 있다는 것이 게리 로페즈 본인의 생각이다.

육체와 정신은 서로 영향을 끼친다. 요가는 그런 인간의 특성을 이용한 테크닉으로 구성되어 있다. 이미지만으로 긴장을 푸는 것은 매우 어렵다. 요가가 이미지를 이용하는 경우도 있지만, 좀 더 정확히 말하면 육체를 컨트롤함으로써 정신을 컨트롤한다는 접근법이다. 구체적으로는 근육을 늘리거나 육체를 이완시킴으로써 뇌에 '지금 나는 편안한 상태야'라는 일종의 착각을 일으키는 방법인 것이다.

느린 호흡법으로 부교감신경을 우위로 만들어 완화를 촉진하는 방법도 육체를 통해서 정신에 접근하는 방법의 일종이다. 지금은 당연시되는 방법이지만, 육체를 컨트롤함으로써 정신을 컨트롤한다는 것은 좀처럼 생각해내기 어려운 발상이라고 생각한다.

참고로, 이미지 트레이닝이 별다른 효과를 내지 못한다면 그것은 테크닉 자체에 문제가 있어서라기보다 각성 수준에 문제가 있기 때문으로 생각된다. 자세한 이야기는 6장에서 하겠지만, 뇌가 특성적으로 각성 수준이 높은 상태에서는 이미지가 좀처럼 떠오르지 않는다. 당연히 비즈니스의 현장이나 경기장에서는 그다지 효과적이라고 말할 수 없다.

이미지가 가장 선명하게 떠오르는 것은 알파파에서 세타파에 걸친, 각성 수준이 저하된 '변성 의식(트랜스) 상태'일 때로 추측되고 있다.[5] 그러므로 이미지를 이용한 명상이나 트레이닝은 집 등의 차분한 공간에서 할 것을 권한다(자세한 내용은 6장을 보기 바란다).

미란다 커(톱 모델)

미란다 커에게 요가는 결혼식 당일에도 거르지 않을 만큼 일상에서 절대 빼놓을 수 없는 존재가 된 듯하다. 요가를 하면 기운이 솟아난다고. 그녀는 요가가 없었다면 지금 하고 있는 일들을 할 수 없었을지도 모른다는 이야기까지 했다.

요가라고 하면 긴장을 풀어준다는 이미지가 강한데, 본래의 목적은 꼬리뼈에 깃들어 있는 잠재적인 기氣인 '쿤달리니'를 활성화시켜서 몸과 마음을 파워업하는 것이다. 근본적인 에너지(쿤달리니)가 활발하지 못하면 큰 꿈이나 목표도 달성할 수 없다는 생각이다. 미란다 커는 요즘 유행하는 이완 계열의 요가가 아니라 쿤달리니의 활성화를 지향하는 쿤달리니 요가를 실천하고 있다. 그 결과

요가를 통해서 기운을 얻을 수 있게 된 것이다.

또한 미란다 커는 요가에 대해 신체적인 훈련이라는 역할뿐만 아니라 정신적인 역할도 매우 중요하게 생각하는 듯하다. 톱 모델로서 미란다 커가 요가에 대해 신체적 측면뿐만 아니라 정신적 측면에 대한 효과를 기대하고 있다는 사실에 나는 깊은 공감을 느꼈다. 눈에 보이지 않는 정신적 측면도 관리, 단련하고 있다는 것이 미란다 커가 톱 모델인 이유인지도 모른다(쿤달리니 요가의 이론과 실천에 관해서는 5장에 소개했다).

명상

기업: 구글, 인텔, 트위터, 나이키

개인: 스티브 잡스, 빌 게이츠, 잭 도시

명상은 특히 세계적 IT 관련 기업이나 실리콘밸리 등에서 일하는 엘리트 사업가 및 직장인들 사이에서 인기가 높은 듯하다. 대체 그들은 명상에서 무엇을 추구하는 것일까? 그들은 항상 복수의 프로젝트나 업무를 맡고 있다. 한정된 시간에 다양한 안건을 처리해야 하는 까닭에 무엇인가를 하는 도중에도 다음 예정이나 다른 조건이 머릿속을 스쳐 지나가며, 이 때문에 눈앞의 안건에 100퍼센트 집중하지 못하는 상황에 빠져버린다.

'마인드 원더링'이라고 부르는 이 마음의 방황 상태에 빠지면 여러 가지 생각이 끊임없이 머릿속을 맴돌게 된다. 컴퓨터에 비유하면 복수의 작업을 처리하느라 CPU가 풀가동된 결과 프리징이 발생한 상태다. 요컨대 그들의 머릿속에서는 컴퓨터의 과부하 상태와 같은 프리징이 발생하고 있다는 말이다. 그래서 동시에 처리하는 작업의 수를 줄일 필요가 생겼는데, 이 작업의 일체화를 가능케 해주는 것이 바로 요즘 유행하고 있는 마인드풀니스다. 마인드풀니스를 일상적으로 실천하면 점차 잡념에 휘둘리는 일이 줄어들며 눈앞의 안건에 전력투구할 수 있게 된다. 또한 마인드풀니스에는 뇌의 피로를 억제해주는 이완 효과도 있다.[5] 이러한 이유에서 세계를 대표하는 창업가와 기라성 같은 기업들이 앞 다투어 명상을 실시하게 된 것으로 생각된다.

최신형 멘탈 트레이닝

조직: AC 밀란, 첼시 FC, 네이비실(미 해군 특수부대), 미군,
　　　NASA(미 항공우주국), 캐나다 올림픽 선수단

개인: 빌 클린턴

최근 들어 자율신경이나 뇌파를 컨트롤함으로써 이완을 촉진하거나 퍼포먼스를 높이는 '바이오피드백' 또는 '뉴로피드백'이라는 최첨단 멘탈 트레이닝을 도입하는 스포츠 팀과 조직이 늘어나고 있다.

이탈리아 명문 축구클럽인 AC 밀란도 그 중 하나로, 이 클럽의 선수들은 클럽이 독자적으로 고안한 마인드룸이라는 두뇌 훈련실에서 매일 20분 동안 뇌파 트레이닝을 받고 있는 것으로 알려져 있다.[7] AC 밀란 외에 첼시 FC, 네이비실, 미군, NASA, 캐나다 올림픽 선수단도 같은 종류의 과학적 트레이닝을 실시하고 있다.

그 목적은 최악의 상황에서도 최고의 실력을 발휘하는 것이라고 한다. 이처럼 전 세계적으로 지금까지 눈에 보이지 않는 것으로 여겨졌던 마음의 상태를 가시화하고 그 데이터를 이용해 과학적인 멘탈 트레이닝을 실시하는 움직임이 주류가 되고 있다.

전 미국 대통령 빌 클린턴도 아칸소 주지사 시절에 스트레스와 거듭된 연설로 목소리가 잘 나오지 않게 되었을 때 과학적인 스트레스 컨트롤 프로그램을 이용함으로써 활동을 계속할 수 있었다고 한다.

해외의 동향이나 단말기의 진화 상황으로 미루어볼 때 2020년 도쿄 올림픽에서는 이런 과학적 훈련법을 도입하는 선수단이 확실히 증가할 것으로 생각된다. 피지컬 트레이닝은 모든 선수단이 실시하고 있다. 그렇다면 여기에서 경기력을 더욱 높일 수 있는 방법은 뇌와 자율신경의 트레이닝밖에 남지 않은 것이다.

2장

접근법을 판단하기 위한
뇌 유형 진단

멍한 뇌와
예민한 뇌

실력을 최고로 발휘할 수 있는 상태인 '존'을 이끌어내기 위해서는 이완과 집중의 균형이 잡힌 중각성 상태를 만들어내야 한다는 이야기를 1장에서 했다. 또한 그 접근법은 뇌의 유형에 따라 달라진다는 이야기도 함께 했다. 이 장에서는 뇌의 유형에 관해 조금 더 자세히 설명하겠다.

여러분의 주변에는 항상 졸린 듯 멍한 사람이 있는가 하면 항상 무엇인가에 대해 조바심을 내고 신경이 예민한 사람, 평소에는 느긋한데 승부처에서는 높은 집중력을 발휘하는 사람, 평소에는 냉정하고 침착한데 승부처에서 실수를 연발하는 사람 등 다양한 유형이 있을 것이다. 사실 이러한 유형의 차이는 뇌의 각성 수준과 커다란 관련이 있다.

각성 수준이라는 관점에서 인간의 뇌를 분류하면 크게 '저각성 유형'과 '고각성 유형'으로 나눌 수 있다. 저각성 유형은 세타파라고 부르는 잡념이나 졸음을 띤 뇌파가 많은 멍한 뇌의 소유자다. 한편 고각성 유형은 고베타파라고 부르는 흥분이나 긴장과 관련된 뇌파가 많은 예민한 뇌의 소유자다.

물론 그 중간인 중각성 유형의 사람도 드물게 존재하지만, 기본적으로는 저각성 유형 또는 고각성 유형 쪽으로 치우쳐 있다.

뇌파와
퍼포먼스의 관계

    방금 세타파나 베타파 등 일반인의 귀에는 그다지 익숙하지 않은 말이 나왔는데, 이것은 뇌파의 일종으로 주파수의 차이에 따라서 분류된다. 그러면 잠시 뇌파 이야기를 하고 넘어가도록 하자.

    뇌파란 뇌 내에서 발생하는 전기활동(시냅스 전위 변동)으로, 전용 뇌파계와 소프트웨어를 이용해 현재의 뇌파 상태를 측정 및 분석할 수 있다. 인간의 뇌파에 대한 연구는 오래전부터 시작되었으며(1924년~), 현재는 수면 연구, 간질이나 ADHD의 진단, 재활, 뇌파를 사용해 휠체어를 움직이는 브레인 머신 인터페이스BMI 등 다양한 분야에 응용되고 있다. 특히 최근에는 심리 분석이나 멘탈 트레이닝의 일환으로서 뇌파를 컨트롤해 퍼포먼스를 높이거나 이완을 촉진하는 '뉴로피드백'이라는 뇌파 트레이닝이 서양을 중심으로 확산되고 있다(뉴로피드백에 관해서는 4장에 소개했다).

　뇌파를 이해하고자 할 때는 바다의 파도를 떠올리면 도움이 될 것이다. 당연한 말이지만, 파도가 잔잔한 바다는 온화한 바다다. 파도가 격렬한 바다는 거친 바다다. 뇌파도 이와 같다. 뇌파가 온화한 사람은 정신상태가 온화하며, 뇌파가 격렬한 사람은 정신상태가 격렬하다. 뇌파가 온화한가 격렬한가의 기준은 알파파이며, 세타파는 온화한 유형의 뇌파로, 베타파는 격렬한 유형의 뇌파로 분류된다.

　일반적으로 베타파라고 하면 이완의 이미지가 있는 알파파와 대비되어 긴장이나 스트레스의 이미지가 있을 것이다. 그러나 실제로는 집중과 관련된 베타파, 스트레스와 관련된 베타파가 따로 있다. 베타파는 적당한 집중에서 공황상태까지 각성 전반에 걸쳐 범위가 매우 넓다. 베타파 중에서도 파속이 비교적 느린 것을 '저베타파'라고 부르는데, 이것은 업무나 스포츠 등 높은 집중력이 요구될 때 도움이 되는 뇌파다. 한편 23헤르츠 이상의 빠른 뇌파는 '고베타파'라고 부르며, 스트레스나 공황상태와 관련이 있는 것으로

뇌파	파형	파형
델타파 (1~3Hz)		수면상태
세타파 (4~7Hz)		꾸벅꾸벅 조는 상태 주의가 산만한 상태
알파파 (8~12Hz)		저알파파(8~10Hz): 이완상태 고알파파(10~12Hz): 이완에 약간의 집중이 동 반된 상태
베타파 (13~36Hz)		저베타파(15~18Hz): 집중상태 고베타파(23~36Hz): 긴장상태

SMR파(12~15Hz): 이완&집중상태, 존 상태

생각된다. 저베타파는 퍼포먼스를 높이고 고베타파는 퍼포먼스를 떨어뜨린다고 생각하면 이해하기 쉬울 것이다.

　뇌파의 속도에 따라서 정신상태가 변화한다는 말은 다시 말해 뇌파를 컨트롤하면 정신도 컨트롤할 수 있다는 의미가 된다. 실제로 느린 호흡법을 수분 동안 반복하면 뇌파가 온화해지며 정신도 차분해진다.

존 상태의
뇌파

졸음이나 잡념과 관계가 있는 세타파가 우위인 저각성 상태에서는 높은 퍼포먼스를 기대할 수 없다. 반대로 긴장이나 과잉 활동과 관계가 있는 고베타파가 우위인 고각성 상태에서도 높은 퍼포먼스를 얻을 수 없다. 그렇다면 언제 가장 높은 퍼포먼스를 얻을 수 있을까? 여기까지 읽었다면 이미 알고 있을 것이다.

중각성 영역의 뇌파가 우위일 때 가장 퍼포먼스가 높아지는 것으로 생각되고 있다. 중각성 영역의 뇌파 중에서도 이완과 집중의 균형이 가장 잘 잡힌 'SMR파(Sensory Motor Rhythm: 감각 운동 리듬)'라는 베타파의 일종이 있다. SMR파는 캘리포니아대학 로스앤젤레스캠퍼스UCLA의 명예교수인 배리 스터먼 박사가 1960년대에 발견했으며, 이후의 추적연구를 통해 존의 열쇠를 쥐고 있는 뇌파로 주목받고 있다. 이것은 비유하자면 야생동물이 먹잇감을 조용히 노리고 있는 상황, 즉 차분하기는 하지만 언제라도 행동을 시작할 수 있는 아이들링 상태일 때 뇌의 두정頭頂을 중심으로 우위에 서기 시작한다.[1] 운동선수의 경우 이 상태가 되면 외부의 상황에 휘둘리지 않고 몸도 긴장하지 않으면서 경기에 집중할 수 있다.[2]

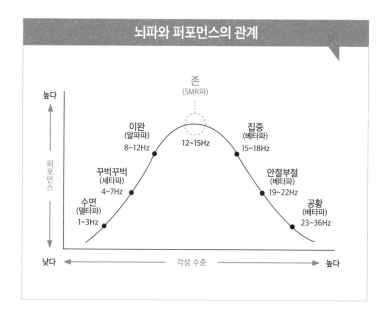

중각성 영역의 뇌파로는 SMR파(12~15헤르츠) 외에 고알파파(10~12헤르츠), 저베타파(15~18헤르츠) 등이 있으며, 이완과 집중의 균형이 잡힌 SMR파를 정점에 뒀을 때 더 이완되어서 각성 수준이 낮아지면 고알파파, 더 집중해서 각성 수준이 높아지면 저베타파가 된다. 궁도나 양궁 같은 멘탈 스포츠에는 조금 이완된 고알파파 상태가 적합하며, 축구나 격투기 등 신체적인 접촉이 있는 스포츠에는 집중력이 더 높아진 저베타파 상태가 적합한 것으로 생각된다. 물론 같은 경기라도 포지션이나 개인의 특성에 따라 최적의 뇌파 상태가 달라진다.[3]

뇌의 유형별
멘탈 강화법

다시 한 번 복습하면, 인간의 뇌파에는 저각성 유형도 있고 고각성 유형도 있다. 또한 그 중간인 중각성 유형도 있다. 그리고 이미 이야기했듯이 높은 퍼포먼스를 발휘하려면 이완과 집중의 균형이 잡힌 중각성 상태를 지향해야 한다. 요컨대 뇌의 각성 유형에 따라 중각성 상태가 되기 위한 접근법이 달라진다는 말이다. 일상적으로 뇌의 각성 수준이 낮은 차분한 유형에게는 활성화Activation가 필요하고, 뇌의 각성 수준이 높은 흥분한 유형에게는 완화Relaxation가 필요하다.

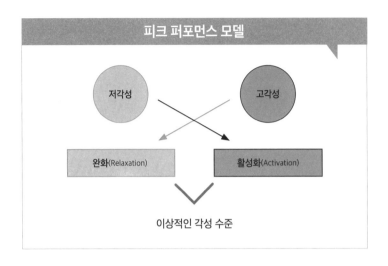

좀 더 엄밀하게 말하면, 경기 중 등의 긴장된 상황에서 뇌파가 어떻게 변화할지도 예측하며 전략을 짤 필요가 있다. 이렇게 접근해야 존 상태에 가까워질 수 있는 것이다. 그리고 이를 위해 필요한 것이 뇌의 각성 유형 분석이다. 사전에 이 분석을 하지 않고 일률적으로 트레이닝을 실시하면 트레이닝의 효과가 나타나는 사람과 나타나지 않는 사람이 나뉘게 된다.

이 분석 방법은 '스트레스 프로파일'이라고 불리며, 해외의 스포츠 과학 분야를 중심으로 널리 실시되고 있다. 구체적인 트레이닝 방법은 3장 이후를 보기 바란다.

뇌 유형
체크시트

여기에서는 직접 해볼 수 있는 간편한 '뇌 유형 체크시트'를 소개하겠다.

질문은 크게 ①수면 시, ②일상생활, ③승부처에 관한 것이다. 너무 깊게 생각하지 말고 직감적으로 해당되는 것에 표시하기 바란다. ①과 ②에서 해당된 수를 집계해서 뇌 유형을 판별한다(체크시트 내의 호흡법에 관해서는 3장 이후에서 해설할 것이다).

저각성 유형에도 고각성 유형에도 해당되지 않을 경우는 점수가 조금이라도 더 높은 쪽이 자신의 유형이 된다. 또한 동점일 때는 중각성 유형이 된다.

저각성 유형(12개 중 6개 이상 해당된다면 저각성 유형)

① 수면과 관련해

☐ 잠자리에 누우면 금방 잠이 든다.

☐ 밤에 잠들면 기본적으로 아침까지 눈을 뜨지 않는다.

☐ 도중에 눈을 뜨더라도 금방 다시 잘 수 있다.

☐ 다음 날 중요한 일이 있어도 평소와 다름없이 잘 수 있다.

☐ 깨어났을 때 기분이 개운하지 않은 편이다/깨어나도 잠시 동
  안 행동하지 못한다.

☐ 충분히 잠을 잤는데 낮에 졸리거나 머리가 멍하다.

☐ 지하철이나 버스에서도 잘 잔다/환경이 바뀌어도 평소와 다
  름없이 잘 수 있다.

② 일상과 관련해

☐ 멍할 때가 많다.

☐ 같은 실수를 반복한다/물건을 자주 잃어버린다.

☐ 낮, 특히 잡무나 사무 작업을 할 때 강렬한 졸음이 밀려온다.

☐ 기본적으로 낙관적이다.

□ 출장이나 원정, 여행을 갈 때 짐이 적다.

'저각성 유형'인 사람은 ③에서 자신에게 해당되는 것이 무엇인지 대답하기 바란다.

③ 승부처와 관련해

너무 긴장해서 공황상태가 된다. 울렁증 유형(각성 수준 상승 유형)

· 결과를 의식하지 않는 편이 좋다.

· 실전에서는 완화가 효과적.

· 1:2 호흡으로 철저하게 각성 수준을 낮출 필요가 있다.

졸음이나 잡념이 많아져 제대로 집중하지 못한다. 기본적인 실수 유형(각성 수준 저하 유형)

· 결과를 의식하는 편이 좋다.

· 실전에서는 활성화가 효과적.

· 불의 호흡(요가의 빠른 호흡법)이나 2:1 호흡으로 철저하게 각성 수준을 높일 필요가 있다.

평소와 별 차이가 없다. 평상심 유형(각성 수준 무변화 유형)

· 특별히 마음가짐을 바꿀 필요는 없다.

· 실전에서는 가벼운 활성화가 효과적.

· 1:1 호흡으로 중각성 상태를 지향한다.

서서히 기분 좋은 상태가 된다. 두근두근 유형(각성 수준 소폭 상승 유형)

· 결과를 의식하지 않는 편이 좋다.

· 실전에서 느끼는 압박감이 중각성 상태로 이끈다.

고각성 유형(12개 중 6개 이상 해당된다면 고각성 유형)

① 수면과 관련해

□ 잠자리에 누워서 잠들기까지 15분 이상 걸린다.

□ 수면 중에 자주 눈을 뜬다.

□ 도중에 눈을 떴을 경우 좀처럼 다시 잠들지 못한다.

□ 다음 날에 중요한 경기나 시험, 프레젠테이션 등이 예정되어

있으면 좀처럼 잠들지 못한다.

☐ 깨어나면 개운한 편이다/깨어나면 금방 행동할 수 있다.

☐ 잠을 잘 못 자서 낮에 견딜 수 없이 졸리다.

☐ 지하철이나 버스에서 잠을 못 잔다/환경이 바뀌면 좀처럼 잠들지 못한다.

② 일상과 관련해

☐ 항상 무엇인가 생각에 잠겨 있다.

☐ 항상 신경이 예민하다/항상 안절부절못한다.

☐ 기본적으로 일정 속도로 작업을 처리할 수 있다.

☐ 기본적으로 걱정이 많다.

☐ 출장이나 원정, 여행을 갈 때 짐이 많다.

'고각성 유형'인 사람은 ③에서 자신에게 해당되는 것이 무엇인지 대답하기 바란다.

③ 승부처와 관련해

너무 긴장해서 공황상태가 된다. 울렁증 유형(각성 수준 상승 유형)

· 결과를 의식하지 않는 편이 좋다.

· 실전에서는 완화가 효과적.

· 1:2 호흡으로 철저하게 각성 수준을 낮출 필요가 있다.

졸음이나 잡념이 많아져 제대로 집중하지 못한다. 기본적인 실수 유형(각성 수준 저하 유형)

· 결과를 의식하는 편이 좋다.

· 실전에서는 활성화가 효과적.

· 불의 호흡(요가의 빠른 호흡법)이나 2:1 호흡으로 철저하게 각성 수준을 높일 필요가 있다.

평소와 별 차이가 없다. 평상심 유형(각성 수준 무변화 유형)

· 특별히 마음가짐을 바꿀 필요는 없다.

· 실전에서는 가벼운 완화가 효과적.

· 1:1 호흡으로 중각성 상태를 지향한다.

서서히 기분 좋은 상태가 된다. 두근두근 유형(각성 수준 소폭 상승 유형)

· 결과를 의식하는 편이 좋다.

· 실전에서 느끼는 압박감이 중각성 상태로 이끈다.

①과 ②로는 평상시의 각성 수준을 판별하고, ③으로는 실전 등 스트레스 상황의 각성 수준을 판별한다. 이를 통해서 평소와 스트레스 상황의 각성 수준을 어느 정도 파악할 수 있으며 그 상황에 맞춘 멘탈 컨트롤을 할 수 있게 된다.

정신생리학적 검사
'스트레스 프로파일'

이번에는 해외의 운동선수나 기업 경영진이 받고 있는 본격적인 정신생리학적 검사 '스트레스 프로파일'을 소개하겠다. 스트레스 프로파일에서는 심박수, 호흡, 피부 온도, 발한, 근긴장, 자율신경, 뇌파를 측정하는 센서를 몸에 부착하고 다음의 항목을 분석한다.

뇌의 각성 유형

저각성 유형(멍한 뇌)인가, 고각성 유형(예민한 뇌)인가?

자율신경의 상태
성인 평균치와 비교했을 때 정상적인가? 비정상적인가?

스트레스를 받을 때 심신의 상태
스트레스를 받을 때의 뇌파와 자율신경의 상태를 명확화.

스트레스 회복력
뇌파와 자율신경의 값이 얼마나 빠르게 정상치로 돌아오는가?

생리학적 데이터와 심리학적 데이터, 인터뷰를 종합적으로 판단해서 그 사람의 뇌 유형을 분석한다. 외국에서는 운동선수나 기업의 경영진이 스트레스 프로파일을 통해서 과학적으로 자신의 강점과 약점을 파악함으로써 승부처에서 높은 퍼포먼스를 발휘하고 있다.

병원 등에서 실시하는 뇌파나 자율신경 검사는 질환의 판별이 목적인 까닭에 기본적으로 안정상태에서 측정하게 된다. 그러나 멘탈의 분석을 위해서 실시할 경우는 안정상태에서의 분석만으로는 부족하며 스트레스 상태에서의 분석도 병행해야 한다. 멘탈은 안정상태와 스트레스 상태를 함께 생각해야 하기 때문이다. 그런 까닭에 스트레스 프로파일에서는 스트레스 상태가 되었을 때 어떤 뇌파가 얼마나 증가(감소)하는지, 그리고 어떤 스트레스에 약하며 스트레스에서 회복되는 속도는 정상적인지 등을 분석한다.

바꿀 수 있는 능력과
바꿀 수 없는 능력

멘탈은 크게 '바꿀 수 있는 능력'과 '바꿀 수 없는 능력'이라는 두 가지 능력으로 구성되어 있다. '바꿀 수 있는 능력'은 기분이나 정동(일시적으로 일어나는 급격한 감정) 등 자신이 제어할 수 있는 요소를 가리키고, '바꿀 수 없는 능력'은 성격이나 기질 등 타고난 유전적 요소를 가리킨다.

기질이란 개인 성격의 토대를 이루는 유전적·생물학적 감정의 성질, 행동의 특성으로, 다양한 유전자가 복잡하게 얽혀서 그 사람의 기질을 구성한다. 그 결과가 뇌파상으로는 저각성 유형과 고각성 유형 등의 차이로 나타난다고 생각할 수 있다.

기질의 역사는 매우 깊어서, 멀리 고대 그리스 시절까지 거슬러 올라간다. 당시는 병을 원시적인 미신이나 주술의 관점에서 다뤘는데, 의사였던 히포크라테스가 처음으로 병의 원인을 체질이나 환경의 영향이라고 명언했으며 이후 '사체액설四體液說'이라는 이론으로 체계화했다. 인도에는 '도샤'라고 부르는 세 가지 체액 이론을 바탕으로 한 '아유르베다'가, 중국에는 한열寒熱, 허실虛實등의 '증證'이라고 부르는 체질 분류가 있었고, 최근에는 에른스트 크레치머나 로버트 클로닌저 등의 노력으로 행동유전학이 발전하면서 다양한 퍼스널리티Personality가 발견되었다.

또한 인간 게놈이 해석됨에 따라 이런 기질의 차이가 유전자의 차이로 인해서 성립됨이 명백해졌다. 그리고 장기적으로 어떤 병에 걸릴 위험성이 높은지, 또 운동선수라면 어떤 경기에 적성이 있는지 등을 어느 정도 예견할 수 있게 되었다. 다만 실제로는 그 역할이나 기능이 아직 해명되지 않은 '정크 DNA'라고 부르는 것도 많아서, "진화 과정에서 필요가 없어짐에 따라 이제는 기능하지 않게 된 것일까?"라든가 "아직 발견되지는 않았지만 무엇인가 특별한 역할을 하고 있는 것이 아닐까?" 같은 논의가 지금도 계속되고 있다. 요컨대 유전자에 관해서는 아직 해명되지 않은 부분이 더 많은 까닭에 유전 정보만으로 반드시 그 후의 인생을 예상할 수 있는 것은 아니라는 말이다. 어디까지나 하나의 지침이라고 할 수 있다.

선입견에 지나치게 얽매인 나머지 꿈이나 목표가 한정적이 되어서 처음부터 포기해버리면 잡을 수 있는 기회도 잡지 못하게 된다. 이 얼마나 안타까운 일인가? 게다가 유전자는 그 기능의 온·오프를 반복하는 까닭에 어떤 자극이나 환경의 변화, 트레이닝을 통해 잠들어 있었던 유전자가 기능하기 시작하는 경우도 충분히 생각할 수 있다. 다른 식으로 표현하면 잠들어 있던 힘, 잠재능력의 개화라고나 할까? 실제로 완화에 관한 연구에서는 정기적으로 요가나 명상 등의 완화를 실시하고 있는 그룹과 완화 미경험자 그룹을 비교할 때 항抗스트레스 관련 유전자의 활성 패턴에 유의미한 차이가 있으며 완화 미경험자도 완화를 일정 기간 실시하면 유전자의 활성 패턴이 변화함이 확인되었다.[4]

또한 그런 완화 초보자와 15년 이상 경험을 쌓은 단련자도 활성 패턴의 차이가 있음이 확인되었다. 이것은 기본적으로 숙련도와 상관없이 완화라는 자극이 항스트레스 관련 유전자의 활성 패턴을 바꾸며, 나아가 단련자처럼 장기간 완화를 실시해야 비로소 활성화되는 유전자도 있음을 암시한다. 단기적인 트레이닝으로 활성

화되는 유전자와 장기적인 트레이닝으로 활성화되는 유전자라는
두 가지 유형이 확인되었다는 말이다.

　이러한 유전자 이야기와 직접적으로 관련지을 수는 없지만, 내
주변을 둘러봐도 '뭐? 저 사람이 그 사람이라고?'라는 식으로 좋은
의미에서 과거의 이미지와는 크게 달라진 사람들이 있다. 본래 있
었던 재능의 씨앗이 꽃을 피운 것이라고 생각하는데, 정말로 사람
의 재능은 언제 어디에서 꽃을 피울지 알 수 없는 일이다.

　이 장에서 소개한 저각성 유형이나 고각성 유형은 '바꿀 수 없는
능력'에 해당한다. 다만 이런 유형들 사이에 우열은 없음을 알아뒀
으면 한다. 어떤 유형에나 일장일단이 있다. 가령 단거리형 유전자
를 가진 선수와 장거리형 유전자를 가진 선수의 우열을 매긴다면
어느 쪽이 위이고 어느 쪽이 아래일까? 나는 단순하게 우열을 매
길 수는 없다고 생각한다. 요컨대 각자 적성이 있다는 말이다. 다
시 말해 '바꿀 수 없는 능력'은 억지로 바꾸려 하지 말고 그 기질을
활용하는 방식으로 살아야 한다. 기질을 무리하게 바꾸려 한들 한
계가 있기 때문에 달리 잘하는 것이 있음에도 눈높이를 낮추게 되
고 점점 자신감을 잃어버린다. 본래 단거리형 유전자를 갖고 있는
사람이 장거리형 트레이닝을 열심히 한들 생각만큼 결과를 낼 수

없으며 장거리형 유전자를 가진 사람의 상대가 되지 못한다. 물론 반대도 마찬가지다.

아유르베다나 한방 같은 전통의학을 봐도 각각의 체질에 우열을 매기지는 않는다. 각자의 체질에 맞는 치료법이나 처방을 권할 뿐 다른 체질로 바꾸려고 하지는 않는다. 어디까지나 환자의 체질을 잘 이해하고 그 체질에 맞는 방법으로 치료하는 것을 중시한다. 서양의학처럼 증상이 같다고 해서 같은 약을 처방하지는 않는다. 여기에는 체질에 맞춘 개별적인 접근법, 치료라는 사고방식이 있다.

이것은 멘탈도 마찬가지라고 할 수 있다. 세상에는 성질이 급한 사람, 느긋한 사람, 쉽게 흥분하는 사람, 차분한 사람 등 다양한 멘탈의 소유자가 있다. 또한 긴급사태가 벌어지면 평소에는 차분했는데 갑자기 공황상태에 빠지는 사람도 있고 평소와 별 차이가 없는 사람도 있으며 더 냉정해지는 사람도 있다. 이렇게 생각하면 멘탈의 경우도 일률적인 접근법으로 트레이닝을 했을 때 효과가 확실히 나타나는 사람과 그렇지 않은 사람이 생기는 것이 이해가 될 것이다.

부디 이 장에서 소개한 '뇌 유형 체크시트'를 활용해 자신의 뇌 유형에 맞는 멘탈 강화법으로 퍼포먼스를 높이기 바란다.

3장

몰두력을 높여서
최강의 멘탈에 가까워진다!

3장부터는 멘탈을 단련하는 구체적인 방법을 소개하려 한다.

다시 한 번 말하지만, 실전에서 필요한 능력은 압박감이 있는 상황에서 자신이 본래 지닌 실력을 발휘하는 것이다. 누구도 실력을 120퍼센트, 200퍼센트 발휘하라고 요구하지 않는다. 평소에 하지 못하는 것은 실전에서도 하지 못함을 다들 알고 있기 때문이다. 문제는 평소에 할 수 있는 것도 실전에서는 하지 못하게 된다는 점이다. 실전에서 평소의 실력만 발휘할 수 있다면 매일 노력한 보람이 있는 것이다.

왜 중요한 상황에서
압박감을 느끼는 것일까?

그런데 왜 실전에서는 평소의 힘을 발휘하지 못하는 것일까? 그 것은 당연히 압박감이 방해를 하기 때문이다. 그러면 먼저 압박감 이 생기는 원인을 찾아보도록 하자.

실전에서는 연습과 달리 압박감에 크게 짓눌리게 된다. 그 이유 는 '결과'를 요구받기 때문이다. '결과'를 요구받는 순간,

'잘할 수 있을까……?'

'실패하지는 않을까……?'

라는 불안감이 머릿속을 스쳐 지나간다. 이때 인간은 '결과'라는 미래를 응시하는 것 같지만, 사실 그 수면 아래에서는 과거의 경험을 떠올리기 시작한다.

'또 그때처럼 실패하면 어쩌지……?'

라는 식으로 특히 과거의 실패 경험이 선명하게 되살아난다. 이것을 '트라우마 기억'이라고 부르며, 뇌의 편도체와 밀접한 관계가 있다. 지금까지 좋은 결과를 남겨온 사람조차도 결과를 요구받으면 적지 않은 압박감을 느끼기 시작한다. 열 번 중 일곱 번을 성공했어도 세 번 실패한 경험이 더 전면에 나서는 것이다. 이것은 과거와 같은 실수를 반복하지 않기 위한 리스크 회피, '방어본능'이 강하게 발동하기 때문으로 추측된다.

축구의 페널티킥을 떠올리면 이해하기 쉬울지도 모르겠다. 페널티킥을 차는 선수의 의식은 공을 차기 전에,

'골키퍼에게 막히지는 않을까……?'
'골대를 빗나가면 어떡하지……?'

와 같이 슛을 한 뒤의 '결과'를 향한다. 그리고 과거의 경험을 바탕으로 지금 하려는 행동이 잘될지 그렇지 않을지를 모색하기 시작한다. 쓰디쓴 경험을 한 적이 있는 선수라면,

'그때도 중요한 상황에서 슛이 빗나갔지…….'

라며 트라우마 기억이 되살아나 심장 박동수가 높아지고 호흡이 얕고 빨라지며 근육이 긴장하기 시작한다. 이와 같은 심신상태에서 슛을 하므로 당연히 좋은 결과가 나오지 않는다.

본래 이 상황에서 가장 중요한 일은 공을 차는 행위 자체, 공을 차는 동작에 의식을 집중하는 것이지 '결과'의 예상이 아닐 터이다. 결과를 의식해서 긍정적인 이미지를 떠올릴 수 있다면 그것도 좋지만, 승부처에서는 아무래도 리스크 회피의 관점에서 트라우마 기억이 앞서고 만다. 예전에 축구의 혼다 게이스케 선수가 페널티 킥을 성공시킨 뒤 인터뷰에서 "'한가운데로 차자. 막히면 어쩔 수 없지'라고 생각했습니다"라는 말을 했다. 이것은 멘탈의 측면에서 매우 중요한 자세인데, 일단 슛의 목표를 한가운데로 정했다면 그 뒤에는 그저 차는 동작에 100퍼센트 의식을 집중시킨다.

'빗나가면 어쩌지······?'

같은 미래에 대한 불안(예기불안)은 떠올리지 않는다. 이 상황에서 선수에게 가장 큰 임무는 '공을 한가운데로 찬다'라는 행위 자체이며, 설령 한가운데로 찼는데 그곳에 골키퍼가 서 있어서 슛이 막혔더라도 한가운데로 공을 찬다는 본인의 임무는 수행한 것이다. 그곳에 골키퍼가 서 있었다는 것은 결과론이며 그 부분은 본인이 통제할 수 없는 영역이다. 통제가 불가능한 것에 힘을 쏟기보다는 지금 자신이 할 수 있는 일에 최대한의 힘을 쏟아야 한다.

처음 맡은 신규 프로젝트 등 경험해본 적이 없는 일도 마찬가지다. 신규 프로젝트, 처음 가는 해외 출장, 처음 출전하는 경기 등은 그야말로 미지의 경험이므로 불안감이 끊이지 않을 것이다. 그러나 실패를 두려워하기만 해서는 모처럼 얻은 자기 성장의 기회를 놓치고 말며, 어떤 일이든 결국 해보지 않고서는 알 수 없기 마련이다.

갓난아기가 필사적으로 일어서려 하고 이윽고 혼자서 걸을 수 있게 되듯이, 인간에게는 본래 자신을 성장시키고 싶어 하는 '자기 성장 욕구'가 있다. 그리고 한편으로는 이 상태를 계속 유지하려

하는 '자기 방어 욕구'도 있다. 이 둘은 자신의 성장과정에서 액셀러레이터와 브레이크의 역할을 한다. 우리는 항상 이런 갈등 사이에서 조금씩 성장해나가는 것이다.

새로운 일을 할 때 불안감이 사라지지 않는다는 사람은 '지금 나는 나를 성장시킬 기회를 맞이했어!'라고 생각하며 조금씩 액셀러레이터를 밟아보기 바란다. 작은 용기를 내보면 그 끝에는 틀림없이 지금까지 본 적이 없는 새로운 세계가 기다리고 있을 것이다. 결국 실패로 끝나더라도 그것은 하나의 경험이 되며, 그 경험을 바탕으로 다시 타개책을 마련하면 된다.

무엇인가 행동을 하면 성공할 때도 있고 실패할 때도 있기 마련이다. 그러나 과거의 저명한 비즈니스 퍼슨들은 하나같이 성공의 반대는 실패가 아니라 '아무것도 안 하기'라고 말했다. 애초에 도전 없이는 그 무엇도 이룰 수 없는 것이다.

부디 이 책에서 소개한 멘탈 강화법으로 정신을 단련하면서 미개척의 영역에 도전해보기 바란다.

승부처일 때 머릿속에서는
무슨 일이 일어나고 있을까?

그렇다면 '승부처'일 때 머릿속에서는 대체 어떤 현상이 일어나고 있을까? 지금부터 퍼포먼스를 저하시키는 요인에 관해 과학적으로 해명해나가려 한다.

우리의 뇌 속에서 과거의 실패 경험이 떠오를 때, 공포심이나 불안감과 밀접한 관계가 있는 편도체라고 부르는 기관이 활성화된다. 편도체는 뇌의 좌위에 있는 고작 1.5센티미터 정도밖에 안 되는 기관이지만, 우리의 인생을 컨트롤하는 중추라고 해도 과언이 아니다. 이미 이야기했듯이 편도체는 트라우마 기억과 밀접한 관계가 있어서, 과거에 쓰디쓴 경험을 했던 상황과 비슷한 상황을 만나면 심신을 긴장 모드로 만들어 그 위험을 회피하려 한다.

위험을 회피하기 위해 편도체는 교감신경을 활성화시켜서 '싸울 것인가, 도망칠 것인가?'라는 '투쟁-도피 반응', 이른바 스트레스 반응을 순식간에 일으키며 승부처에 대비하려 한다. 적당한 스트레스 반응은 집중력을 높이고 퍼포먼스를 높여주지만, 과도한 스트레스 반응은 몸을 굳게 만들어 퍼포먼스의 저하를 유발한다. 수많은 운동선수들을 괴롭히는 프리징, 초킹, 입스라고 부르는 신체의 경직 현상은 대부분 이 편도체의 흥분이 원인인 것으로 생각되고 있다.

일반적으로 근육을 움직일 때는 뇌의 운동 영역에서 '피라미드로'라고 부르는 경로를 지나 근육으로 신호가 전송된다. 그러나 긴급사태로 편도체가 흥분하면 편도체에서도 '선조체'라고 부르는 다른 경로를 통해 근육에 별도의 신호를 보내려 한다.[1] 요컨대 근육으로서는 감독과 코치에게 동시에 다른 지시를 받은 상태인 것이다. 당연히 어느 쪽의 말을 들어야 할지 몰라 당황하며, 그 결과 컴퓨터의 프리징 상태처럼 몸이 떨리거나 경직되는 사태가 발생한다. 페널티킥을 다시 한 번 예로 들면, 과도한 '결과' 사고로 편도체가 흥분하기 시작해 교감신경이 활성화된 결과 몸이 굳어서

숯이 의도하지 않은 방향으로 날아가버린다.

요컨대 승부처에서는 단순히 근육 자체를 이완시키려 한들 경직 현상이 거의 치유되지 못하며, 그 근본 원인인 편도체를 컨트롤해 활동을 억제하는 것이 매우 중요하다.

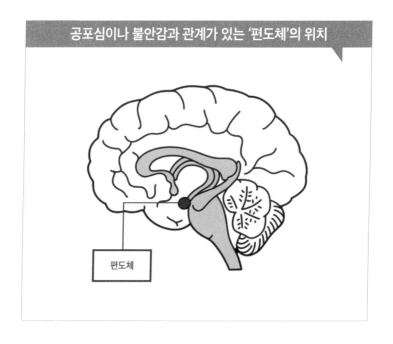

공포심이나 불안감과 관계가 있는 '편도체'의 위치

편도체

'이기고 싶어!'라는 욕구를 버리면 모든 것이 잘 풀린다

그렇다면 어떻게 해야 편도체를 자극하지 않고 눈앞의 행동에 집중할 수 있을까? 앞에서도 이야기했지만, 편도체는 의식이 미래(예기불안)나 과거(트라우마 기억)를 향했을 때 흥분한다. 가령 직장인이 경쟁 프레젠테이션 등을 앞두고 '어떻게 해서든 경쟁에서 이기고 싶어!'라며 '결과(미래)'에 의식을 향하면 심장이 두근거리기 시작하고 호흡이 거칠어지며 이마와 손에 나는 땀의 양이 증가하게 된다. 다시 말해, 지금 하고 있는 눈앞의 행동에만 집중할 수 있다면 이론상 편도체는 흥분하지 않는다.

알기 쉬운 예가 아침에 눈을 뜬 순간의 상태다. 아침에 눈을 뜬 순간은 깨어 있는 시간 중에서 가장 '지금'에 집중하고 있는 상태다. 그런데 그로부터 불과 15초, 30초만 지나면 어떤가? 어제 상사에게 혼이 났던 일이나 경기 중에 실수를 했던 일 등이 차례차례 떠오르고, 동시에 오늘 있을 중요한 프레젠테이션이나 경기가 생각나 눈을 뜬 순간의 중립적인 상태에서 급격히 정신건강이 악화되어감이 느껴질 것이다.

이처럼 인간의 멘탈은 의식이 과거나 미래를 향하기 시작하면 흐트러지는 특성이 있다. 그런 까닭에 매우 역설적인 이야기이기는 하지만 '이기고 싶어! 잘하고 싶어!'라고 결과를 간절히 바라기보다 일단 승리에 대한 집착을 버리고 눈앞의 행동, 플레이에만 집중하는 편이 편도체가 흥분하지 않아 몸과 마음 모두 최고의 상태로 플레이할 수 있다.

기합이나 근성을 중시하는 사회라면 실전에서 결과를 의식하지 않고 힘을 빼는 것이 매우 어려운 과제인 것 또한 사실이다. 경기 전에 코치가 선수에게 "기합 넣고 시작하자!"라고 말하는 모습을 종종 볼 수 있는데, 긴장감이 도는 환경의 영향을 잘 받고 뇌의 흥분도가 높아지기 쉬운 사람이라면 경기 전에 이미 상당히 집중력이 높아진 상태일 때가 많다. 그런데 여기에서 기합을 더 넣으면 뇌가 '과활동 상태'가 되어 과도하게 집중한 나머지 오히려 주위가 보이지 않게 되어 버린다.

다만 안정상태일 때보다 스트레스 상태일 때 각성 수준이 더 낮아지는 유형은 반대로 확실히 집중하기 위해서도 결과를 의식하는 편이 경기력을 높일 수 있을 경우가 많은 경향이 있다. "목표는 금메달입니다!"라고 공언하며 자신에게 압박을 가하고 결국 실제로 금메달을 손에 넣는 선수가 바로 이런 유형이다.

눈앞의 행동에 몰두해서
퍼포먼스를 높인다

　앞에서 혼다 게이스케 선수의 사례를 소개했는데, 실제로 승리에 대한 욕구를 억제함으로써 높은 경기력을 발휘한 운동선수들의 사례를 몇 가지 소개하겠다.

니시코리 게이(테니스)

　니시코리 선수는 2014년에 그랜드슬램 대회인 US오픈에서 준우승을 차지했다. 그런데 사실 니시코리 선수는 이 대회 3주 전에 엄지발가락 수술을 받았던 까닭에 대회 개최 직전까지도 출장을 할지 말지 고민하고 있었다. 재활을 열심히 한 효과도 있어서 다행히 경기가 가능할 정도까지는 발의 상태가 회복되었지만, 본인을 포함해 모두가 이번만큼은 그다지 좋은 성적을 내지 못하리라고 예상했을 것이다. 그러나 막상 뚜껑을 열어보니 어찌어찌 계속 승리해나갔고, 4강에서는 당시 세계 랭킹 1위였던 노바크 조코비치 선수에게 승리했다.

니시코리 선수가 평소에 노력해온 결과물임은 두말할 필요도 없다. 다만 멘탈의 측면에서는 신체가 만전의 컨디션이 아니라는 데서 본인도 그다지 결과를 의식하지 않고 플레이에 집중할 수 있었으며 결과에 대한 주위의 기대치 또한 낮아졌던 것이 한 가지 요인으로 생각된다.

앞으로 한 번만 더 이기면 그토록 염원하던 일본인 최초의 그랜드슬램 대회 우승을 차지한다. 게다가 결승전의 상대는 5승 2패로 니시코리 선수가 전적에서 우위였던 마린 칠리치 선수였던 까닭에 "니시코리 선수가 우승! 우승 거의 확실!"이라는 뉴스가 일본을 휩쓸었다. 그러나 결승전 당일 코트에 모습을 드러낸 니시코리 선수의 표정은 그전과는 사뭇 달리 매우 경직되어 있었다.

대체 무슨 일이 일어난 것일까?

이것은 그때까지 담담하게 플레이에 집중할 수 있었던 니시코리

선수가 다행인지 불행인지 상대전적이 앞서는 선수를 결승전에서 만나자,

'어쩌면 우승할 수 있을지도!?'

라고 결과에 의식을 향한 결과 편도체가 흥분하기 시작하면서 교감신경이 활성화되어 표정이 굳어버린 것이다. 표정은 정신상태의 영향을 강하게 받으므로, 표정이 굳었다는 것은 곧 신체 전체가 경직된 상태라는 뜻이다. 당연히 좋은 경기력을 발휘할 수 없었고, 결국 완패로 끝났다. 준결승까지와는 완전히 다른 플레이 내용이었다.

경기 후에 니시코리 선수는 "결승전 상대가 전적에서 앞서는 칠리치로 결정되자 오히려 더 긴장이 되었습니다. 승리의 가능성이 조금 보였던 것이 좋지 않았습니다. 이겨야 한다는 압박감도 있었습니다. 이렇게 경기 도중에 경직되었던 것은 처음인데, 이 때문에 좀처럼 경기 감각이 돌아오지 않아 움직임이 나빴습니다. 그리고 움직임이 나쁜 탓에 칠리치의 빠른 게임 운영을 따라잡기가 어려웠습니다"라고 말했다.

또한 "솔직히 페더러가 올라왔다면 좀 더 경기하기가 편했을지도 모릅니다"라는 말도 했다. 이 말에는 자신보다 클래스가 높은

선수를 상대하면 요구되는 결과의 허들이 낮아지므로 편하게 경기할 수 있다는 의미가 숨어 있다.

반대로 운동선수는 절대 질 수 없는 상대, 자신보다 클래스가 낮은 상대와 승부처에서 맞붙으면 매우 큰 압박감을 받는다. 실제로 이듬해인 2015년의 US오픈에서는 전년도 준우승자라는 압박감에서인지 1회전 탈락이라는 결과로 끝났다.

어쨌든, 니시코리 선수 정도의 정상급 운동선수조차도 결과에 대한 의식이 지나치게 높아지면 경기력이 떨어진다는 사실을 이해할 수 있을 것이다.

아사다 마오(피겨스케이팅)

2014년 소치 동계올림픽에 참가했던 아사다 마오 선수의 사례도 살펴보자. 그때는 첫째 날과 둘째 날의 연기가 완전히 달랐다. 첫날에는 어떻게든 메달을 따야 한다는 압박감이 상당히 있었던 것으로 생각된다. 그 결과 몸이 경직되어서 점프 착지에 여러 차례 실수하는 등 좋지 않은 모습을 보여 16위에 머물렀다. 아사다 선수는 당시를 되돌아보며 "몸이 뜻대로 움직이지 않았습니다"라고 말했다.

반면에 둘째 날에는 신이 내린 듯한 연기를 선보였다. 참가 선수 중 유일하게 3회전 점프를 모두 8회나 뛰는 등 프리스케이팅에서는 자기 최고 득점을 기록하며 3위에 올랐고, 최종 순위는 6위까지 상승했다.

이처럼 하룻밤 사이에 경기력이 극적으로 상승한 배경은 첫날을 마친 시점에 실질적으로 메달 획득이 절망적인 상황이 되어버림으로써 승리를 지나치게 의식했던 멘탈이 정상으로 돌아왔기 때문으로 생각된다. 이에 따라 편도체의 흥분이 억제되어 연기 자체에 집중할 수 있었고, 그 결과 본인의 생각대로 연기할 수 있었던 것이 아닐까 싶다.

실제로 표정도 첫날에 비하면 상당히 부드러워진 모습이었다. 특히 연기 후반부에서는 표정이 명백히 달라진 것이 존 상태에 돌입한 느낌이었다.

기류 요시히데(육상)

기류 요시히데 선수는 2017년 9월에 열린 일본학생육상경기 학교대항선수권대회의 남자 100미터 경주에서 일본인 최초로 9초대를 기록했다. 사실 이 경기 전에 기류 선수는 왼발에 위화감을 느껴서 경주에 출장할지 말지 고민했는데, 이것이 오히려 어깨의 힘을 빼고 압박감을 느끼지 않게 해줬다고 한다.

경주 후의 인터뷰에서는 "준결승에서는 다리에 불안감이 있었지만, 결승에서는 제 다리를 믿고 근육이 찢어지면 그건 하늘의 뜻이라는 생각으로 힘차게 스타트를 했습니다. 이번 대회에서 처음으로 힘차게 스타트를 할 수 있었습니다"라고 말했다.

예전에 세계기록 보유자(2017년 현재)인 우사인 볼트 선수는 기류 요시히데 선수에게 9초대를 내려면 "조급해서는 안 돼. 자신을 위해서 달리는 거야. 어쨌든 즐기는 것이 중요해"라고 조언한 적이 있다. 역시 세계의 정상급 운동선수는 승리에 대한 지나친 의식이 오히려 경기력을 저하시키는 현상을 잘 이해하고 있는 것이다.

스모의 요코즈나[스모 프로 리그인 오즈모의 선수(리키시) 서열 가운데 가장 높은 지위를 가리키는 명칭-옮긴이]인 하쿠호가 금과옥조로 여기는 말로 "훈련은 실전처럼, 실전은 훈련처럼"이라는 것이 있다. 이것은 전설적인 요코즈나인 후타바야마의 말에서 영향을 받은 것으로 생각되는데, 승부처에서 가져야 할 마음가짐을 이것보다 정확하게 표현한 말은 없을 것이다.

한편 경기 현장에서는 지도자가 "플레이에만 집중해!"라는 말을 종종 한다. 그러나 사실 이것은 매우 어려운 일이다. 플레이라는 '지금'에 집중하려면 플레이에만 집중할 수 있기 위한 별도의 트레이닝이 필요하다. 이것은 근육 트레이닝으로 육체를 단련하듯이 뇌에 새로운 회로를 형성시키는 과정이다.

석가모니의 정신 단련법 마인드풀니스

　지금까지 높은 퍼포먼스를 발휘하기 위해서는 '지금'에 집중하는 것, 눈앞의 행동에 집중하는 것이 얼마나 중요한지에 관해 길게 이야기했는데, 사실은 '지금'에 집중함으로써 정신이 안정되는 원리를 약 2,500년 전에 이미 발견한 인물이 있다. 그 인물은 바로 불교를 창시한 석가모니다. 석가모니는 자신의 숨이 몸속으로 들어오고 나가는 호흡에만 의식을 향하면 마음이 차분해지는 현상을 발견했다.

　눈앞의 행동에 몰두하는 행위, 명상을 '위파사나'라고 부르며, 오늘날의 스트레스 저감 프로그램인 '마인드풀니스 명상'의 원형이 되었다. 그리고 지금은 세계적인 대기업들이 이 정신 단련법을 스트레스 저감 프로그램으로 채용해 직원들의 퍼포먼스 향상에 활용하고 있다. 과학기술이 발달한 현대에 세계를 선도하는 대기업이 고대의 정신 단련법을 채용하고 있다는 것도 매우 흥미로운 이야기다. 예전에는 카운슬링과 함께 사물을 바라보는 시각, 사고방식, 가치관을 바꾸는 인지 행동요법이 많이 도입되었지만, 현재는 요가나 마인드풀니스를 비롯한 명상을 통해서 뇌의 시스템을 바꾸고 마음의 활동을 정상화시키는 방식이 주류가 되었다.

가시화로 이해하는
마인드풀니스의 효과

　이번에는 근긴장(승모근)과 발한, 피부 온도, 심박수 등의 생체 정보를 측정한 데이터를 통해 실제로 눈앞의 행동에 집중하면 스트레스 반응이 억제됨을 보여주려고 한다. 이것은 그릇에 담은 작은 콩을 젓가락으로 집어서 다음 그릇으로 옮기게 하는 실험으로, 1분 이내에 30개를 옮겨야 한다는 조건을 달았다.

　'결과'를 강하게 의식한 통상적인 동작(표에서 ①)의 경우, 손가락 끝의 발한 양과 심박수는 증가하고 어깨의 근육이 긴장함에 따라 혈관이 수축되며 피부 온도가 저하되었다. 이것이 바로 '결과'를 의식함으로써 편도체가 흥분해서 교감신경이 활성화된 상태다.

한편 다음에는 1분 동안에 30개 이상 옮긴다는 목표는 유지하되 콩을 옮기는 행동에만 집중하게 했다. 표에서 ②의 부분이다. 그러자 같은 동작임에도 스트레스 반응이 억제되었다.

이 실험에서 '결과'를 의식했을 경우에 27개, 콩을 옮기는 행동에만 집중했을 경우에 32개를 옮겼다. 실험 대상과 순서를 바꿔서 실시했을 때도 대체적으로 같은 결과가 나왔다. 같은 동작이라도 의식을 어디로 향하느냐에 따라 체내의 생리상태가 달라짐을 확인할 수 있었으리라 생각한다. 역시 인간은 정신성이 높은 생물인 것이다.

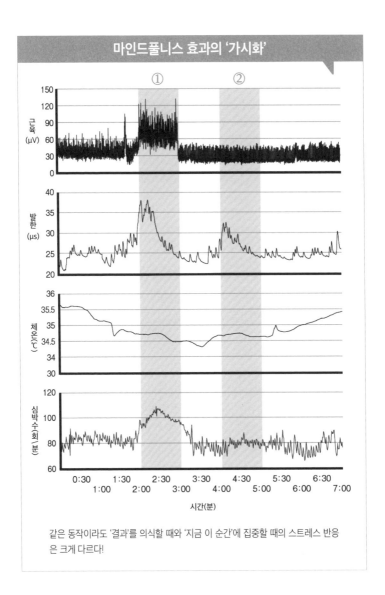

같은 동작이라도 '결과'를 의식할 때와 '지금 이 순간'에 집중할 때의 스트레스 반응은 크게 다르다!

실천!
마인드풀니스

그러면 실제로 마인드풀니스 트레이닝을 해보자. 마인드풀니스 트레이닝에는 여러 가지 방법이 있지만, 여기에서는 요가를 통한 방법을 소개하겠다. 트레이닝 중에는 항상 눈을 감고, 호흡은 코로만 한다(105~108쪽, 111쪽 그림을 참고하기 바란다).

① 눈을 감고 똑바로 눕는다.

② 숨을 들이마시면서 오른팔을 천장을 향해서 천천히 들어올린다.

일단 숨을 내쉬고, 이 상태로 정지한 채 자연 호흡을 5회 실시하는 동안 오른팔의 손끝부터 겨드랑이에 걸친 혈액의 흐름을 느끼면서 '지금'에 집중한다. 여섯 번째로 숨을 들이마셨으면 내쉬면서 천천히 오른팔을 내린다.

왼팔도 똑같이 한다.

잡념이 솟아나도 집착하지 말고 무시하며, 손발을 움직임으로써 생겨나는 혈액 흐름의 변화, 근육의 긴장과 이완, 심박수의 변화 같은 몸속의 변화에 의식을 향한다. 만약 의식이 잡념 쪽으로 향할 것 같으면 즉시 의식의 방향을 다시 몸속의 변화로 돌리기 바란다. 잡념이 솟아나는 것은 자연스러운 현상이므로 그 사실을 빠르게 깨닫고 원래의 집중상태로 돌아가는 것이 중요하다.

③ 숨을 들이마시면서 오른다리를 천장을 향해 천천히 들어올린다.

일단 숨을 내쉬고, 이 상태로 정지한 채 자연 호흡을 5회 실시하는 동안 오른다리의 발끝부터 골반에 걸친 혈액의 흐름을 느끼면서 '지금'에 집중한다. 여섯 번째로 숨을 들이마셨으면 내쉬면서 천천히 오른다리를 내린다.

왼다리도 똑같이 한다.

④ 숨을 들이마시면서 두 팔을 천장을 향해 천천히 들어올린다.

일단 숨을 내쉬고, 이 상태로 정지한 채 자연 호흡을 5회 실시하는 동안 두 팔의 손끝부터 겨드랑이에 걸친 혈액의 흐름을 느끼면서 '지금'에 집중한다. 여섯 번째로 숨을 들이마셨으면 내쉬면서 천천히 두 팔을 내린다.

⑤ 숨을 들이마시면서 두 다리를 천장을 향해 천천히 들어올린다.

일단 숨을 내쉬고, 이 상태로 정지한 채 자연 호흡을 5회 실시하는 동안 두 다리의 발끝부터 골반에 걸친 혈액의 흐름을 느끼면서 '지금'에 집중한다. 여섯 번째로 숨을 들이마셨으면 내쉬면서 천천히 두 다리를 내린다.

⑥ 숨을 들이마시면서 오른팔과 오른다리를 천장을 향해 천천히 들어올린다.

일단 숨을 내쉬고, 이 상태로 정지한 채 자연 호흡을 5회 실시하는 동안 오른팔의 손끝부터 겨드랑이, 오른다리의 발끝부터 골반에 걸친 혈액의 흐름을 느끼면서 '지금'에 집중한다. 여섯 번째로 숨을 들이마셨으면 내쉬면서 천천히 오른팔과 오른다리를 내린다.

왼팔과 왼다리도 똑같이 한다.

⑦ 숨을 들이마시면서 오른팔과 왼다리를 천장을 향해 천천히 들어올린다.

일단 숨을 내쉬고, 이 상태로 정지한 채 자연 호흡을 5회 실시하는 동안 오른팔의 손끝부터 겨드랑이, 왼다리의 발끝부터 골반에 걸친 혈액의 흐름을 느끼면서 '지금'에 집중한다. 여섯 번째로 숨을 들이마셨으면 내쉬면서 천천히 오른팔과 왼다리를 내린다.

왼팔과 오른다리도 똑같이 한다.

⑧ 숨을 들이마시면서 두 팔과 두 다리를 천장을 향해 천천히 들어올린다.

일단 숨을 내쉬고, 이 상태로 정지한 채 자연 호흡을 5회 실시하는 동안 두 팔의 손끝부터 겨드랑이, 두 다리의 발끝부터 골반에 걸친 혈액의 흐름을 느끼면서 '지금'에 집중한다. 여섯 번째로 숨을 들이마셨으면 내쉬면서 천천히 두 팔과 두 다리를 내린다.

위 동작들을 한 세트로 실시한다.

마인드풀니스를 실천하는 '요가' 트레이닝

1. 눈을 감고 똑바로 눕는다.

Point ———

· 온몸의 힘을 빼고 트레이닝에 집중한다.

2. 숨을 들이마시면서 오른팔을 천장을 향해서 천천히 들어올린다.

Point ———

· 이 상태에서 일단 숨을 내쉬고, 자연 호흡을 5회 실시하는 동안 오른팔의 손끝 부터 겨드랑이에 걸친 혈액의 흐름을 느끼면서 '지금'에 집중한다.

· 여섯 번째로 숨을 들이마셨으면 내쉬면서 천천히 오른팔을 내린다. 왼팔도 똑같이 한다.

몰두력을 높여서 최강의 멘탈에 가까워진다!

3. 숨을 들이마시면서 오른다리
   를 천장을 향해 천천히 들어
   올린다.

Point ——

· 이 상태에서 일단 숨을 내쉬고, 자연 호흡을 5회 실시하는 동안 오른다리의 발
  끝부터 골반에 걸친 혈액의 흐름을 느끼면서 '지금'에 집중한다.
· 여섯 번째로 숨을 들이마셨으면 내쉬면서 천천히 오른다리를 내린다.
  왼다리도 똑같이 한다.

4. 숨을 들이마시면서 두 팔을 천장을 향
해 천천히 들어올린다.

Point ——

· 이 상태에서 일단 숨을 내쉬고, 자연 호흡을 5회 실시하는 동안 두 팔의 손끝
  부터 겨드랑이에 걸친 혈액의 흐름을 느끼면서 '지금'에 집중한다.
· 여섯 번째로 숨을 들이마셨으면 내쉬면서 천천히 두 팔을 내린다.

5. 숨을 들이마시면서 두 다리를 천장을 향해 천천히 들어올린다.

Point ────

- 이 상태에서 일단 숨을 내쉬고, 자연 호흡을 5회 실시하는 동안 두 다리의 발끝부터 골반에 걸친 혈액의 흐름을 느끼면서 '지금'에 집중한다.
- 여섯 번째로 숨을 들이마셨으면 내쉬면서 천천히 두 다리를 내린다.

6. 숨을 들이마시면서 오른팔과 오른다리를 천장을 향해 천천히 들어올린다.

Point ────

- 이 상태에서 일단 숨을 내쉬고, 자연 호흡을 5회 실시하는 동안 오른팔의 손끝부터 겨드랑이, 오른다리의 발끝부터 골반에 걸친 혈액의 흐름을 느끼면서 '지금'에 집중한다.
- 여섯 번째로 숨을 들이마셨으면 내쉬면서 천천히 오른팔과 오른다리를 내린다. 왼팔과 왼다리도 똑같이 한다.

몰두력을 높여서 최강의 멘탈에 가까워진다!

7. 숨을 들이마시면서 오른팔과 왼다리를 천장을 향해 천천히 들어올린다.

Point —

- 이 상태에서 일단 숨을 내쉬고, 자연 호흡을 5회 실시하는 동안 오른팔의 손끝부터 겨드랑이, 왼다리의 발끝부터 골반에 걸친 혈액의 흐름을 느끼면서 '지금'에 집중한다.
- 여섯 번째로 숨을 들이마셨으면 내쉬면서 천천히 오른팔과 왼다리를 내린다. 왼팔과 오른다리도 똑같이 한다.

8. 숨을 들이마시면서 두 팔과 두 다리를 천장을 향해 천천히 들어올린다.

Point —

- 이 상태에서 일단 숨을 내쉬고, 자연 호흡을 5회 실시하는 동안 두 팔의 손끝부터 겨드랑이, 두 다리의 발끝부터 골반에 걸친 혈액의 흐름을 느끼면서 '지금'에 집중한다.
- 여섯 번째로 숨을 들이마셨으면 내쉬면서 천천히 두 팔과 두 다리를 내린다.

사무실용(간이형)

의자에 얕게 앉아서 등을 곧게 편 채로 눈을 감는다.

① 숨을 들이마시면서 오른팔을 천장을 향해 천천히 들어올린다.

일단 숨을 내쉬고, 이 상태로 정지한 채 자연 호흡을 5회 실시하는 동안 오른팔의 손끝부터 겨드랑이에 걸친 혈액의 흐름을 느끼면서 '지금'에 집중한다. 여섯 번째로 숨을 들이마셨으면 내쉬면서 천천히 오른팔을 내린다.

왼팔도 똑같이 한다.

② 숨을 들이마시면서 두 팔을 천장을 향해 천천히 들어올린다.

일단 숨을 내쉬고, 이 상태로 정지한 채 자연 호흡을 5회 실시하는 동안 두 팔의 손끝부터 겨드랑이에 걸친 혈액의 흐름을 느끼면서 '지금'에 집중한다. 여섯 번째로 숨을 들이마셨으면 내쉬면서 천천히 두 팔을 내린다.

이 동작들을 1~3세트 반복한다.

간단한 동작의 반복이라서 여러 가지 잡념이 생겨나기 쉬울 터인데, 어떻게 눈앞의 동작에 집중할 수 있느냐가 실전에서의 강한 멘탈로 이어진다. 실전에서는 아무래도 '결과'의 행방에 의식이 향하기 쉬운데, 성공·실패를 걱정하기 시작하면 뇌의 편도체가 흥분하고 그 긴장 시그널이 몸 전체로 퍼지며 그 결과 퍼포먼스의 저하를 초래한다.

평소부터 '지금'에 집중함으로써 '승부처'에서도 중립적인 심신 상태를 유지할 수 있도록 트레이닝을 해둘 것을 권한다.

사무실용 마인드풀니스를 실천하는 '요가' 트레이닝

1. 숨을 들이마시면서 오른팔을 천장을 향해 천천히 들어올린다.

Point ──

- 이 상태에서 일단 숨을 내쉬고, 자연 호흡을 5회 실시하는 동안 오른팔의 손끝부터 겨드랑이에 걸친 혈액의 흐름을 느끼면서 '지금'에 집중한다.
- 여섯 번째로 숨을 들이마셨으면 내쉬면서 천천히 오른팔을 내린다. 왼팔도 똑같이 한다.

2. 숨을 들이마시면서 두 팔을 천장을 향해 천천히 들어올린다.

Point ──

- 이 상태에서 일단 숨을 내쉬고, 자연 호흡을 5회 실시하는 동안 두 팔의 손끝부터 겨드랑이에 걸친 혈액의 흐름을 느끼면서 '지금'에 집중한다.
- 여섯 번째로 숨을 들이마셨으면 내쉬면서 천천히 두 팔을 내린다.

몰두력을 높여서 최강의 멘탈에 가까워진다!

4장

존 상태를 이끌어내
최강의 멘탈에 가까워진다!

3장에서는 눈앞의 행동에 몰두하면 뇌가 중립적인 상태가 되고 그 결과 퍼포먼스가 향상됨을 설명했다. 그리고 이를 위한 방법으로 마인드풀니스가 효과적이라는 이야기를 했다.

이 장에서는 자율신경과 뇌파를 컨트롤함으로써 중각성 상태를 만들어내고 나아가 존 상태에 가까워지는 방법에 관해 해설하려 한다.

자율신경을 최적화해
존 상태를 이끌어낸다

존은 이완과 집중의 균형이 잡힌 절묘한 상태이므로 자율신경의 경우 긴장모드인 교감신경과 이완모드인 부교감신경의 균형이 잡힌 상태라고 할 수 있다. 실제로 자율신경의 균형을 바로잡는 호흡법을 실천하면 자율신경의 균형이 잡힌 상태를 나타내는 값(LF 성분)의 증가와 함께 고베타파가 저하되고 알파파와 SMR파 같은 뇌파의 주파수 성분이 높아짐을 확인할 수 있다.

체내의 호흡중추나 폐의 신장수용기의 영향에서 교감신경은 숨을 들이마셨을 때 활성화되며 부교감신경은 숨을 내쉬었을 때 활성화된다. 즉, 숨을 들이마시는 시간과 내쉬는 시간을 똑같이 하면 자율신경의 균형이 잡힌다. 어떻게든 긴장을 풀고 싶을 경우나 중요한 이벤트를 앞둔 전날에는 좀처럼 잠을 자지 못한다는 사람은 '4초 동안 들이마시고 8초 동안 내쉬기'처럼 숨을 내쉬는 시간을 더 길게 하면 부교감신경이 우위가 되어서 생리학적으로 잠이 잘 오는 상태가 된다. 또한 이 1:2 비율의 호흡법은 깊은 명상 상태에 들어가고 싶을 경우나 이미지 트레이닝을 할 때도 효과적이다(자세한 내용은 6장을 보기 바란다).

지금부터는 조금 전문적인 이야기를 하려고 한다. 최근 들어 과학기술의 발달로 자율신경의 활동을 가시화할 수 있게 되었다. 그리고 심박수의 주기변동이라는 관점에서 교감신경과 부교감신경이 각각 다른 주파수 영역으로 분류된다는 사실이 밝혀졌다. 좀 더 구체적으로 이야기하면 교감신경은 낮은 주파수 영역(VLF: Very Low Frequency: 0.0033~0.04헤르츠), 부교감신경은 높은 주파수 영역(HF: High Frequency: 0.15~0.4헤르츠)로 분류된다. 요컨대 이 교감신경과 부교감신경 사이의 주파수 영역(0.04~0.15헤르츠)은 양쪽의 성분이 섞인 중간 영역인 셈이다. 교감신경이 여름, 부교감신경이 겨울이라면 이 중간 영역은 봄이나 가을이라고나 할까? 이 중간 영역을 전문적으로는 'Low Frequency(이하 LF)'라고 부른다. 교감신경과 부교감신경의 사이에 있는 LF 영역은 다른 식으로 표현하면 자율신경의 균형이 잡힌 영역이라고 말할 수 있다.

조금 난해한 전문용어가 계속되었는데, 군이 이런 어려운 용어를 써가면서 설명한 이유는 '대체 몇 초 동안 숨을 들이마시고 몇 초 동안 내쉬면 자율신경의 균형이 잡히는가?'라는 주제로 넘어가고 싶었기 때문이다. 앞에서 숨을 들이마시는 시간과 내쉬는 시간을 똑같이 하면 자율신경의 균형이 잡힌다는 말을 했다. 그러나 이 설명만으로는 구체적인 호흡 페이스를 알 수가 없는데, 그 호흡 페이스의 지표가 되는 것이 바로 LF 영역의 주파수다.

LF 영역은 약 10초에 1회(0.1헤르츠)의 주파수 성분으로 구성되어 있다. 즉, 5~6초 동안 들이마시고 5~6초 동안 내쉬는 페이스로 호흡을 하면 LF 영역의 힘이 커져서 자율신경의 균형이 잡혀간다는 말이다.[1]

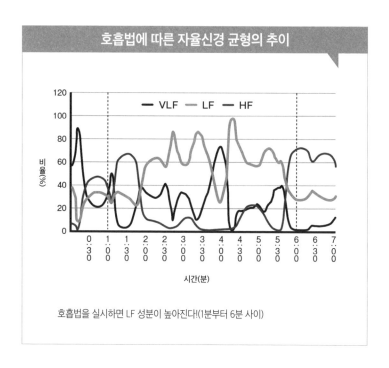

호흡법에 따른 자율신경 균형의 추이

— VLF — LF — HF

비율(%)

120
100
80
60
40
20
0

0
30

1
00

1
30

2
00

2
30

3
00

3
30

4
00

4
30

5
00

5
30

6
00

6
30

7
00

시간(분)

호흡법을 실시하면 LF 성분이 높아진다!(1분부터 6분 사이)

위의 표를 보기 바란다. 이 그래프는 1분 동안 안정을 취한 뒤 5분 동안 호흡법을 실시하고 다시 1분 동안 안정을 취한 7분 동안 각 주파수 영역의 샘플 데이터를 표시한 것이다. 호흡법을 시작한 뒤에 LF 성분이 높아지고 호흡법이 끝나는 동시에 LF 성분이 저하되는 것을 확인할 수 있다.

퍼포먼스를 높이는
최신형 호흡 트레이닝

그러면 실제로 자율신경의 균형을 조정하는 최신형 호흡법을 실천해보자.

호흡법의 기본자세(162~163쪽)로 앉아서, 눈은 절반만 뜨고 조금 앞쪽의 바닥 부근에 초점을 맞춘다.

5~6초에 걸쳐 코로 숨을 들이마시고, "슈~"라는 호흡음과 함께 5~6초에 걸쳐 입으로 숨을 내쉰다. 숨을 내쉴 때 부정적인 요인이 파도소리와 함께 씻겨 내려간다는 이미지다. 뺨 등 입 주위의 근육으로 호흡하려 하지 말고 복식호흡을 확실히 한다.

그리고 호흡에 따른 심신의 변화를 느끼면서 '지금'에 집중한다.

익숙해지면 '제하단전(배꼽으로부터 약 5센티미터 아래)'을 의식해 이 부분이 따뜻해지는 감각을 관찰하면서 '지금'에 집중한다. 이때 업무 생각 등 잡념이 머릿속에 떠오르더라도 무시하고 제하단전이나 심신의 변화에 의식을 집중한다.

이것을 아침식사 전이나 취침 전 등의 시간대에 각각 5~10분 동안 실시한다.

3장에서 소개한 것이 신체를 이용한 마인드풀니스인 데 비해 이것은 호흡을 통한 마인드풀니스다. 어느 방법이든 생각을 멈추고 심신의 변화를 느끼는 것이 중요하다. 이것은 단순히 멍한 상태와는 다르다. 오히려 의식은 선명해진다.

동작이나 호흡에 익숙해지면 아무래도 반복작업을 하듯이 기계적으로 하게 되기 쉽다. 이것은 초보자보다 중급자가 빠지기 쉬운 '자동화 현상'이라는 것으로, 익숙해지면서 의식 집중을 소홀히 하게 된 상태다. 항상 기본으로 돌아가서 호흡 트레이닝을 하자.

이런 호흡법을 일상적으로 실천하면 주로 불안[2~3], 수면장애[4], 우울증[5~7], 스트레스성 질환[8], 심적 외상 후 스트레스 장애[9~10], 고혈압[11~13], 심질환[14], 천식[15], 섬유근통 증후군[16]의 개선이나 스포츠 경기력[17~19]의 향상을 기대할 수 있다.

최적의 호흡 리듬으로
퍼포먼스를 최고조로 끌어올린다

5~6초 동안 숨을 들이마시고 5~6초 동안 내쉬는 것은 누구나 간단히 자율신경의 균형을 조정할 수 있는 표준적인 호흡 페이스다. 실제로 좌선에 전해지는 단전호흡을 봐도 호흡 페이스가 대체로 비슷하다.

한편 외국의 스포츠 분야에서는 한발 더 나아가 본인에게 맞는 최적의 호흡리듬을 전문 기기로 분석하고 그 호흡 페이스를 적용한 호흡법을 실천하도록 권장하고 있다. 각자 체격과 생김새가 다르듯이 자율신경의 균형이 잡히는 호흡 페이스도 사람마다 미묘하게 다름이 밝혀졌기 때문이다.[20] 최고의 자리를 노리는 운동선수들에게는 약간의 차이가 경기력을 크게 좌우한다. 그래서 자신의 LF 성분을 최대화시키는 최적의 호흡 페이스를 적용한 개별적인 접근법이 요구되는 것이다.

구체적으로는 어떤 호흡 페이스일 때 LF 영역의 힘이 가장 강해지는지를 확인하는 호흡 분석을 실시한다.[21] 운동선수들은 이 분석을 통해서 도출된 호흡 페이스를 호흡 트레이닝에 적용해 자율신경의 균형을 최적화한다. 이러한 과학적 호흡 분석과 트레이닝을 '심박 변이 바이오피드백HRV-BF: Heart Rate Variability Biofeedback'이라고 부른다.

최근에는 소형이면서 고성능의 디바이스가 개발되어 손끝에서 얻은 생체정보를 블루투스로 스마트폰이나 태블릿 단말기에 전송해주는 덕분에 어디에서나 본격적인 트레이닝을 할 수 있게 되었다. 전문 기관에서 호흡 분석만 받으면 그다음에는 전용 디바이스를 활용해 매일의 트레이닝은 물론이고 경기 전이나 경기 중, 스트레스가 높을 때 등 온갖 상황에서 최고의 자율신경 트레이닝을 할 수 있는 것이다. 전국의 비즈니스 퍼슨과 운동선수들이 호흡 분석을 위해 나를 찾아오며, 그 데이터를 바탕으로 일상 속에서 열심히 호흡 트레이닝을 함으로써 각자의 환경에서 퍼포먼스를 발휘하는

데 활용하고 있다.

이미지로 자율신경의 균형을 조정하는 것은 매우 어려운 일이다. 그러나 호흡법을 활용하면 아주 쉽게 그것을 달성할 수 있다. 이렇게 육체를 통해서 정신에 다가가는 접근법은 히말라야의 요가 수행자들이 오랜 세월에 걸쳐 만들어낸 성과물이다.

뇌를 최적화해
존 상태를 이끌어낸다

　요가 트레이닝으로 신체를 정돈하고 호흡법으로 자율신경을 조정하면 그 효과를 뇌까지 전달할 수 있다는 이야기를 했다. 이렇게 신체를 통해서 뇌에 접근하는 방법을 전문적으로는 '말초계 접근법'이라고 부른다. 그리고 뇌에 직접 접근하는 방법을 '중추계 접근법'이라고 부른다. 참고를 위해 '중추계 접근법'에 관해서도 간단히 소개하겠다.

　이 방법은 미국과 유럽, 오스트레일리아 등지에서 실시되고 있는 최신 뇌 트레이닝으로, '뉴로피드백'이라고도 부른다. 뉴로피드백은 발달장애의 일종인 ADHD[23](주의력 결핍 과다행동 장애)나 불

안장애의 개선[24], 운동선수나 기업 경영진의 퍼포먼스 향상 등의 목적으로 실시되고 있다.[25]

구체적으로는 두피와 귓불에 전극을 부착해서 주로 뇌파를 '가시화'하면서 적정 상태로 조정한다. 뇌파가 적정 상태가 되면 모니터에 애니메이션이나 음악이 나오고, 기준치를 벗어나면 멈춘다. 영상이나 음악이 끊어지지 않고 나오는 것이 뇌의 보수報酬가 되며, 이것을 자동 학습한 뇌가 그 뇌파 상태를 만들어내고자 특정 뇌파를 강화하거나 억제한다. 이런 뇌의 강화학습 트레이닝이 뉴로피드백이다.

뉴로피드백에는 이완을 촉진하는 것, 집중력을 높이는 것, 뇌파의 표준 데이터베이스를 기준으로 뇌파 균형을 정돈하는 것 등 다양한 프로그램이 있다. 임상 현장에서는 사전에 뇌파를 철저히 분석하고 트레이너가 클라이언트에게 맞는 프로그램을 선택한 뒤 실제 트레이닝으로 이행한다. 2장에서 다뤘듯이 저각성 유형에게는 집중력을 높이는 프로그램이, 고각성 유형에게는 완화를 높이는 프로그램이 필요하다. 계속해서 뉴로피드백 트레이닝을 실시하면 뇌파가 최적의 상태로 조정되어 뇌의 효율이 높아지고 그 결과 행동 능력이 향상되는 것으로 추측된다.[26]

목적에 따라서 강화, 억제하는 뇌파의 종류는 변화하며 트레이닝의 내용도 달라진다. 최근에는 다양한 뇌과학적 접근법으로 높은 퍼포먼스를 실현하려는 시도가 진행되고 있다. 뉴로피드백은 그런 접근법의 최전선에 있다고 할 수 있을 것이다. 뇌의 상태를 최적화해 승부처에서 최고의 퍼포먼스를 발휘하고 싶은 사람은 전문가의 지도 아래 한번 시도해봐도 좋다.

스포츠 현장에서
뇌파 트레이닝을 활용한 사례

해외 여러 나라들에서는 뉴로피드백의 효과를 스포츠 경기 현장에 적용하기 위해 기초적인 자기 컨트롤 능력의 양성에 그치지 않고 그 응용편으로서 실제 경기 형식에 가까운 형태의 트레이닝을 실시하고 있다.

사격, 양궁, 다트, 당구, 골프 등의 멘탈 스포츠

자율신경이나 뇌파의 생체 계측기를 활용함으로써 현재의 심신 상태를 가시화한다. 이를 통해 호흡이 흐트러지고 심박수가 높아지며 근육이나 뇌가 긴장하면 코치가 실시간으로 그 점을 지적하며, 선수는 그 정보를 바탕으로 자기 컨트롤을 한다.

이 트레이닝으로 얻을 수 있는 효과는 자기 컨트롤 능력만이 아니라 반복적인 트레이닝을 통해 자신에게 최적의 호흡 패턴이나 심박수, 뇌파 등의 적정 상태를 어느 정도 파악할 수 있다는 것이다. 최종적으로는 선수 자신이 정신생리 상태를 감각적으로 만들어내고 그 순간을 가늠하며 행동할 수 있도록 한다.

멘탈 스포츠에 필요하다고 여겨지는 기본적인 정신생리학적 요소

· 호흡과 심장 박동의 제어

· 과도한 근긴장의 억제

· 발사(샷) 시 교감신경과 부교감신경 사이의 흔들림 억제, 잡념의 억제

· 최적의 타이밍에 발사하기 위한 날카로운 집중력과 적절한 반응

축구

스포츠 분야에서 뉴로피드백을 일약 유명 스타로 만든 주인공은 바로 이탈리아의 명문 축구클럽인 AC 밀란이다. AC 밀란에는 마

인드룸이라고 부르는 특별한 두뇌 훈련실이 있다. 선수들은 그곳에서 뉴로피드백을 실시한다고 알려져 있는데, 자신이 했던 최악의 플레이 영상을 보면서도 흥분하지 않고 편안한 상태를 유지할 수 있도록 하는 트레이닝을 거듭한다는 설도 있다. 또한 근육의 상태를 확인하는 근전도 측정기를 정기적으로 허리 등에 부착해 부상의 징후가 없는지 관찰함으로써 선수들의 피로나 경기력을 과학적으로 컨트롤하고 있다고 한다.

스포츠 분야에서 뉴로피드백을 활용한 사례를 몇 가지 소개했는데, 외국에서는 연구 분야뿐만 아니라 임상 분야에서도 시행착오를 바탕으로 매일같이 뉴로피드백을 진화시키고 있다. 그리고 기본적인 프로그램뿐만 아니라 실제 경기와 같은 상황 속에서 뉴로피드백을 실시하고 있다. 역시 실제 경기에서 경기력을 발휘하려면 안정상태에서 실시하는 트레이닝만으로는 부족하며 실전을 가정한 트레이닝이 필요하다고 생각하는 것이다.

또한 최근에는 요가나 마인드풀니스 등의 전통적인 트레이닝과 이런 최신예 트레이닝을 조합한 하이브리드 스타일의 멘탈 트레이닝이 주류를 차지하고 있다. 전통적인 방식과 최신 방식에는 각각 일장일단이 있다. 그러므로 서로를 보완하는 형태로 그 구멍을 메우는 것이 최고의 트레이닝 형태라고 할 수 있다.

5장

스트레스를 줌으로써
'최강의 멘탈'에 더욱 가까워진다!

안정된 공간에서 실시하는
마인드풀니스만으로는 충분치 않다

1장에서 잠시 언급했듯이, 승부처는 최고로 스트레스를 받는 상황이다. 당연한 말이지만 요가 스튜디오나 사찰, 자신의 집처럼 안심할 수 있고 마음이 치유되는 그런 공간이 아니다. 물론 기초 트레이닝으로서 안정된 공간에서 트레이닝을 할 필요는 있지만, 그곳에서 얻은 효과를 실전에서 활용하려 하면 생각처럼 잘 되지 않는다.

무술의 경우는 ①혼자서 하는 기본자세 훈련부터 시작한 뒤, ②도장에서 하는 대련, ③시합의 순서로 점점 스트레스 수준을 높여나간다. 안정된 공간에서 실시하는 마인드풀니스 트레이닝은 이

가운데 ①에 해당한다. 이것만으로는 실제 경쟁 프레젠테이션은 고사하고 사내에서의 프레젠테이션조차도 제대로 할 수 없다. 즉, 기초 트레이닝으로서 마인드풀니스 등의 멘탈 트레이닝을 했다면 다음에는 그것을 실전용으로 업데이트해야 하는 것이다. 가령 운동선수는 근육 트레이닝으로 근육의 양을 늘린 다음에는 실제 경기에서 그 신체를 100퍼센트 활용할 수 있도록 만든다. 이 작업을 하지 않으면 평소에 경차를 몰다가 갑자기 스포츠카를 몰게 되자 마력이나 배기량이 크게 다른 탓에 제대로 운전하지 못하는 것과 같은 상황이 되기 때문이다.

이처럼 육체 개조의 세계에서는 적응 트레이닝을 당연하게 여기는데, 어째서인지 멘탈의 분야에서는 이런 적응 트레이닝을 거의 하지 않는다. 냉정하게 생각해보면 참으로 이상한 일이다.

실전에서는 평소에 할 수 있었던 것도 하지 못하게 되는데, 그 커다란 원인은 바로 스트레스와 압박감이다. 그렇다면 어떻게 해야 할까? 가장 효과적인 방법은 '독으로 독을 다스리는!' 것이다. 인간에게는 환경에 적응하려 하는 자동제어 기능이 있다. 이 기능을 '호메오스타시스(항상성)'라고 부른다. 즉, 스트레스를 받으면 그 스트레스에 적응함으로써 이겨내려 한다. 이것은 근력 트레이닝을 생각하면 쉽게 이해할 수 있을 것이다. 바벨의 중량을 50킬로그램, 55킬로그램, 60킬로그램으로 점점 높이면 이에 적응하고자 근육이 비대해진다. 다만 50킬로그램에서 갑자기 100킬로그램으로 올리면 들어 올리지 못하는데, 이것은 멘탈도 마찬가지다. 갑자기 강한 스트레스를 받으면 멘탈은 그 환경에 적응하지 못하며, 꺾인 마음은 복원되지 않는다. 그러므로 현재 자신의 수준에 맞는 적당한 스트레스를 가하는 것이 바람직하다.

스트레스를 줌으로써 '최강의 멘탈'에 더욱 가까워진다!

스트레스가
사람을 강하게 만든다

대대로 요가 수행자들은 히말라야 산중을 수행 장소로 선택해왔다. 시대적으로도 도장이나 스튜디오 등은 없었다. 히말라야 산중은 낮과 밤의 기온 차이가 극심한 환경인데, 요가 수행자들은 거의 알몸이나 다름없는 상태로 요가를 했다. 다음 날 먹을 식량을 구할 수 있을지 없을지도 알 수 없는 상황에서 말이다. 산소도 희박한 까닭에 일반인은 두통이 나서 요가를 할 엄두도 내지 못할 것이다.

요컨대 본래의 전통적인 요가는 이런 스트레스 환경에서 탄생했으며, 이것은 스튜디오 안에서 똑같은 자세로 요가를 하더라도 얻을 수 있는 효과가 다름을 의미한다. '더워……, 추워……, 배고파⋯⋯, 목말라⋯⋯, 사느냐 죽느냐⋯⋯'의 상황에서 '지금'에 집중하는 것과 스튜디오 안에서 '지금'에 집중하는 것은 스트레스의 수준이 완전히 다르다. 그리고 비즈니스나 스포츠의 현장 역시 스트레스의 형태는 다르지만 히말라야 산중과 같은 스트레스 환경이다. 즉, 스트레스 환경에 적응하려면 스트레스를 가한 상태에서 멘탈 트레이닝을 해야 하는 것이다.

평생에 걸쳐 패배한 적이 없었다고 하는 미야모토 무사시는 13세에 처음으로 진검 승부를 경험한 이래 29세까지 60여 회에 이르는 실전을 경험했다고 『오륜서』에 썼다. 이렇게까지 실전 경험을 쌓은 무도가는 미야모토 무사시가 유일할 것이다. 이것은 그가 도장 수련만으로는 자신의 정신을 최고 수준까지 높일 수 없으며 실전이라는 스트레스 환경에서만 그 경지에 도달할 수 있음을 다른 누구보다 잘 알고 있었기 때문이 아닐까?

두 종류의 스트레스로
육체와 정신을 강하게 만든다

그러면 대체 어떤 스트레스를 가해야 육체와 정신이 강해질까?

1장에서 이야기했듯이, 이 책의 주제인 '최강의 멘탈'은 어떤 상황에서나 일정 수준의 퍼포먼스를 이끌어낼 수 있는 멘탈을 의미한다. 이것은 자신이 지닌 능력을 ①한정된 시간, ②가혹한 환경 속에서 최대한으로 이끌어내는 능력이다. ①을 분발형 스트레스, ②를 인내형 스트레스라고도 부른다.[1]

정신적인 스트레스인 '분발형 스트레스'

분발형 스트레스는 이른바 시간 압박으로, 직장인이라면 서류 등의 마감, 운동선수라면 경기에서의 제한시간, 수험생이라면 시험의 제한시간 등이 이에 해당한다. 제한시간이 생기자 평소에는 풀 수 있었던 문제를 전혀 풀지 못하게 되었던 경험이 있는 사람도 많을 것이다.

원래 해가 뜨면 일어나고 해가 지면 자는 사이클 속에서 살아온 우리 인간은 문명이 급속히 발전함에 따라 동물로서의 기능만이 진화하지 못하고 뒤처진 상태가 되었다. 즉, 시간에 대한 압박에는 그다지 강해지지 못했다. 그런 까닭에 실리콘밸리에서 분 단위의 일정에 쫓기며 일하는 많은 비즈니스 퍼슨들이 몸과 마음의 병을 앓고 있으며 그 회복 수단으로 마인드풀니스를 실천하고 있는 것이다.

이런 시간 압박 속에서 높은 퍼포먼스를 실현해야 하는 스트레스 상황이 분발형 스트레스의 특징이다.

당구선수와
분발형 스트레스

  예전에 정상급 프로 당구선수가 경기를 하는 동안의 뇌파와 자율신경 상태를 계측할 기회가 있었다. 당구 검정시험에 채용된 과제 열 개를 수행케 했는데, 성공할 때까지 다음 과제로 넘어가지 못한다는 조건 아래 첫 번째는 제한시간을 설정하지 않았지만 두 번째는 4분 30초 이내에 끝낸다는 분발형 스트레스를 가했다. 그러자 시간 압박이 있을 때는 없을 때에 비해 긴장이나 흥분과 관련이 있는 고베타파(23~36헤르츠)의 값이 크게 높아짐을 알 수 있었다. 이 선수는 스트레스 상황에서 각성 수준이 높아지는 유형인 셈이다. 즉, 승부처에서는 각성 수준을 낮추는 자기 컨트롤 방법을 실천함으로써 적당한 이완·집중상태를 만들어낼 수 있다(뇌파에 관해서는 56쪽의 '뇌파와 퍼포먼스의 관계'에서 자세히 설명했다).

시간 압박을 줬을 때는 스트레스 상태에서 자기 컨트롤이 뇌파와 퍼포먼스에 미치는 효과를 검증하기 위해 과제에 도전하기 전에 ①2분 동안 선 채로 안정(자기 컨트롤 없음), ②5분 동안 마인드풀니스, ③5분 동안 호흡법 중 하나를 각각 실시하게 했다. 다음 표가 그 결과다. 그리고 이때 과제에 익숙해지는 사태를 방지하기 위해 그때그때 같은 수준에서 과제 내용을 변경했다.

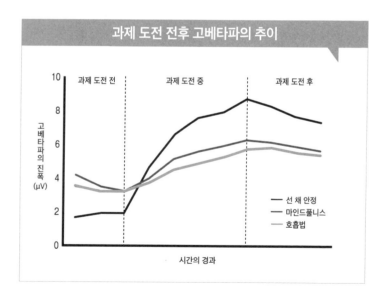

과제 도전 전후 고베타파의 추이

① 선 채로 안정을 취했을 때는 안정 시의 고베타파의 값이 낮았음에도 과제에 도전한 순간부터 그 값이 쑥쑥 높아졌다. 게다가 제한시간 안에 과제를 마치지 못했다.

② 마인드풀니스를 실시했을 때는 "졸음이 온다"라고 말했으며, 실제로 마인드풀니스를 실시하기 직전과 직후에 고베타파의 값이 저하되었다. 과제도 제한시간 안에 성공하는가 싶었지만 결국 아슬아슬하게 실패했다. 긴장을 너무 풀어도 퍼포먼스는 오르지 않는다는 말이다. 다만 자기 컨트롤을 하지 않았을 때와는 달리 과제에 도전하는 동안 고베타파의 값이 낮은 수준으로 억제되었다.

③ 5~6초 동안 숨을 들이마시고 5~6초 동안 내쉬는 호흡법을 실시했을 때는 "딱 좋은 기분"이었다고 하며, 실제로 마인드풀니스를 실시했을 때만큼 직전과 직후에 고베타파의 값이 변동하지는 않았다. 이 호흡법이 단순히 각성 수준을 낮추는 이완용 호흡법과는 달리 자율신경의 균형을 조정해줌을 확인할 수 있다. 과제 도전은 30초를 남기고 여유롭게 성공했다.

이러한 과제 도전 중의 뇌파 변화는 사전에 실시한 스트레스 프로파일의 결과를 바탕으로 어느 정도 예상된 바였지만, 이렇게까지 예상에 가까운 결과가 나온 데는 놀랄 수밖에 없었다. 이 실험은 스트레스 프로파일의 유효성을 새삼 확인하는 기회가 되었다. 사전에 스트레스 프로파일을 통해 뇌파나 자율신경을 분석함으로써 경기 당일의 심신상태를 어느 정도 예측하고 그 예측을 바탕으로 전략을 짤 수 있다면 틀림없이 커다란 무기가 될 것이다.

이번 실험에서는 과제에 도전하기 직전에 불과 5분 정도 자기 컨트롤을 하기만 해도 플레이 중의 고베타파를 낮은 수준으로 억제하는 효과가 있음을 확인할 수 있었다. 또한 이를 통해 실제 퍼포먼스도 향상되었다. 결국 자기 컨트롤의 실시와 과제 도전에 따른 압박감이 이완과 집중의 균형이 잡힌 중각성 상태를 만들어냈으며, 그 결과가 퍼포먼스의 향상이라는 형태로 나타났다.

다시 한 번 말하지만, 이런 자기 컨트롤 방법은 자신의 뇌의 유형에 맞는 최적의 것을 선택해야 효과가 있다.

육체적인 스트레스인 '인내형 스트레스'

인내형 스트레스는 요가 수행자라면 히말라야 산중의 극심한 기온 차이, 희박한 산소, 굶주림과 목마름, 운동선수라면 몸 상태가 좋지 않은데 중요한 경기를 줄줄이 앞둔 상황, 직장인이라면 매일 계속되는 장시간 근무로 몸과 마음이 피로한 가운데 업무를 처리해야 하는 상황, 수험생이라면 시험장은 춥고 의자는 딱딱한 등 악조건 속에서 시험을 치러야 하는 상황이라고 할 수 있다. 이런 육체적으로 가혹한 상황에서 높은 퍼포먼스를 요구받는 스트레스 상황이 인내형 스트레스의 특징이다.

오늘날에는 사냥을 해서 먹고살던 시대와 달리 며칠씩 식사를 못 하는 상황은 거의 일어나지 않으며, 공조설비가 정비되어 있어서 실내에 있으면 외부 기온의 영향을 거의 받지 않는다. 우리 인간은 편리성을 추구해온 결과 스트레스가 없고 쾌적한 환경을 손에 넣을 수 있었다. 그러나 그 대가로 야생동물이 지니고 있는 환경 적응능력을 잃어버렸다. 요컨대 스트레스로 가득한 현대사회에서 스트레스를 경감시키는 완화는 반드시 필요하지만 그것만으로는 부족한 시대가 되어버렸다. 완화를 실시하는 가운데 스트레스 환경에도 적응시키는 프로세스, 즉 트레이닝이 별도로 필요한 것이다.

외국에서는 대회 운영 상황으로 인해 경기 개시 시각이 연기되는 등의 트러블이 종종 일어난다고 한다. 그런 상황에서 항상 우수한 결과를 내고 올림픽에서도 연속해서 메달을 따는 최정상급 운동선수들은 정말 강인한 것이다. 이것은 2장에서 말했듯이 세로토닌 운반 유전자 같은 선천적 요소의 영향도 있지만, 한편으로 인간에게는 환경에 적응하려고 하는 항상성도 있다.

스트레스 환경에 대한 적응 능력을 단련해 야생동물과 같은 강인함을 되찾자!

운동선수 vs 요가 수행자

　운동선수와 요가 수행자 중에서 어느 쪽이 더 강인하다고 할 수 있을까? 운동선수는 몸이 튼튼하며, 요가 수행자는 상당히 말랐다. 겉모습만으로 생각하면 운동선수 쪽의 손을 들어줄 수밖에 없을 것이다. 이것은 '강인함=체력'이라는 일반적인 이미지가 따라붙기 때문이다.

　일반적으로 '체력'이라고 하면 파워, 스피드, 스태미나 등을 떠올릴지도 모른다. 그러나 이것은 체력의 일부일 뿐이다. 가령 운동선수가 입은 옷 이외에는 아무것도 없이 히말라야 산중에 들어가서 생활한다면 과연 건강을 유지할 수 있을까? 답은 '아니요'다. 운동선수이므로 이른바 체력은 특출할 것이다. 그러나 단련된 운동선수의 체력은 분명히 부분적으로는 특출하지만 많은 부분에서는 사실 일반인과 별 차이가 없다.

'체력'의 개략도를 보기 바란다. 사실 체력은 크게 신체적 요소와 정신적 요소로 나뉘며, 각 요소는 다시 행동체력과 방위체력으로 나뉜다. 즉, 운동선수가 가혹한 트레이닝으로 단련하고 있는 주된 체력은 신체적 요소 속의 행동체력인 것이다.

한편 방위체력은 간단히 말하면 바이러스에 대한 저항력 같은 것이다. 운동선수가 일반인보다 감기에 덜 걸리는가 하면 그렇지는 않다. 오히려 밤낮으로 가혹한 트레이닝을 하기 때문에 저항력이 저하되어 병에 잘 걸리기도 한다. 이런 온도 조절이나 굶주림, 목마름에 대한 저항력인 방위체력이 압도적으로 강한 쪽은 사실 히말라야 산중의 요가 수행자이다. 실제로 요가 수행자들은 제대로 먹지도 못하고 거의 알몸 상태로 자면서 눈 덮인 산을 수천 킬로미터씩 이동하지만 매우 건강하다. 근본적인 생명력의 차이, 강인함의 차이를 느끼게 한다.

근력 트레이닝은 신체적 요소의 행동체력을 단련하는 데는 최고의 도구이지만 그 밖의 체력 요소를 높이기에는 충분치 못하다. 인

'체력'의 개략도

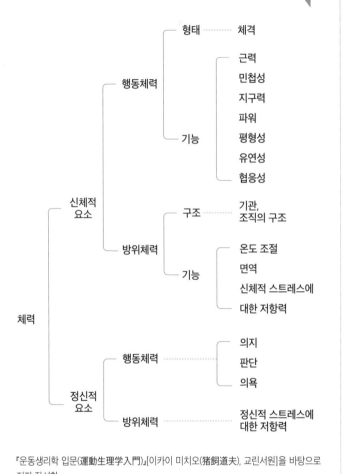

『운동생리학 입문(運動生理学入門)』[이카이 미치오(猪飼道夫), 교린서원]을 바탕으로 저자 작성함.

간을 좀 더 근본적인 관점에서 다시 바라보고 인간 자체를 단련해

야생의 본능을 되찾기 위한 트레이닝이 필요하다.

시간 압박 속에서
'지금'에 집중한다

분발형 스트레스의 트레이닝에서는 제한시간 내에 과제의 해결을 지향하면서 '지금'에 집중할 것이 요구된다. 의식이 제한시간이라는 미래로 향하기 쉬운 상황에서 어떻게 '지금'에 집중할 수 있느냐가 열쇠가 된다. 교감신경이 활성화된 상태에서 과제의 수행을 지향함으로써 교감신경계 스트레스에 강해진다.

그러면 분발형 스트레스에 대한 트레이닝을 소개하겠다. 구체적으로 말하면, 시간 압박을 가하고 그 상황에서 냉정하게 높은 퍼포먼스를 발휘할 것을 목표로 삼는다. 이것은 예를 들면 '언제까지 이 업무를 마친다' 등의 임무를 자신에게 부여하고 그 시간 내에 완수하는 것이다. 제한시간을 설정하면 사람은 자연스럽게 마감시각에 맞춰 그 작업을 끝내려고 조정한다. 요컨대 두 시간 이내에 끝내려고 생각하면 두 시간을 들여서 그 작업을 완료하려고 하고, 같은 작업량이라도 한 시간 이내에 끝내려고 생각하면 한 시간을 들여서 완료하려고 하는 것이다.

이것은 비즈니스나 코칭 분야에서 자주 들을 수 있는 일명 파킨슨의 법칙이다. 기업들이 '20시 완전 퇴근'이라는 슬로건을 내건 이유는 그렇게 선언함으로써 직원들이 그 시간 안에 일을 마치게 되어 결국 생산성이 향상된다고 생각하기 때문이다.

이런 사람의 행동 특성과 직접 연결시킬 수 있을지는 모르겠지만, 최근의 연구를 통해 우리의 몸속에는 체내 시계와는 다른 타이머 시계라고 부르는 것이 존재함이 분명해지고 있다. '내일 여섯 시에 일어나야 해!'라고 생각하고 자면 각성과 관련된 호르몬인 ACTH(부신피질 자극 호르몬)가 그 시각에 맞춰 분비되기 시작한다고 한다.[2] 즉 항상 아홉 시에 일어나는 사람이라면 평소의 분비 타이밍보다 이른 단계에 ACTH의 분비가 증가됨이 확인된 것이다. 실제로 여러분도 다음 날에 중요한 용건이 있어서 '내일 이 시각에 일어날 수 있으려나?'라고 걱정했는데 예정했던 시각보다 일찍 눈을 뜬 경험을 한 적이 있지는 않은가?

어쨌든, 인간의 습성상 제한시간을 설정했다면 일단 그것을 잊고 그저 눈앞의 작업에 몰두하는 것이 좋다. 3장에서도 말했듯이 제한시간을 설정함으로써 과도하게 '결과'를 의식하게 되면 편도체가 활성화되어 스트레스 반응이 일어나고 만다. 이래서는 설령 제한시간 안에 업무를 끝냈더라도 몸과 마음 모두 피폐해질 뿐이다. 어쩌다 하루만 그런다면 그나마 괜찮지만, 이런 날이 계속된다면 스트레스가 쌓여서 결국 우울증이 생길 위험성도 있다.

다시 한 번 말하지만, 제한시간을 설정했다면 일단 그것을 잊어버리고 눈앞의 작업에 몰두하자.

다음으로 중요한 일은 작업을 수행하는 동안 호흡이 흐트러지는 않았는지, 미간이나 어깨가 긴장하지는 않았는지에 항상 주의를 기울이고 긴장한 것이 느껴졌다면 즉시 긴장을 푼 다음 다시 작업에 몰두하는 것이다. 마인드풀니스는 '알아차림'이라는 의미로, 자신의 몸과 마음의 변화를 알아차리는 것이 중요하다. 설령 제한시간이 신경 쓰이고 초조해져서 힘이 들어가더라도 그 감정에 휘둘리지 말고 다시 작업에 몰두하기 바란다. 처음에는 생각처럼 잘되지 않겠지만, 인간에게는 스트레스에 적응하려는 본능이 있다.

이 트레이닝을 반복하면 점차 '지금'에 몰두할 수 있게 될 것이다.

그리고 잊지 말아야 할 것이 일상적인 마인드풀니스 트레이닝이다. 스트레스 상황에서의 마인드풀니스는 '지금'에 몰두하기 위한 뇌 만들기를 평소부터 얼마나 해왔느냐가 중요하다. 부디 안정상태에서의 마인드풀니스 트레이닝과 스트레스 상황에서의 마인드풀니스 트레이닝을 한 세트로 실시해보기 바란다. 시간 압박이라는 분발형 스트레스를 아군으로 만들 수 있다면 업무의 질과 양이 크게 향상될 것이다. 이것은 '최강의 멘탈'의 콘셉트인 어떤 상황에서나 일정 수준의 퍼포먼스를 발휘하는 능력이기도 하다.

분발형 스트레스의 트레이닝을 본격적으로 할 때는 몸에 생체계측기를 부착해 실제로 몸과 마음의 상태를 가시화하면서 다양한 작업을 제한시간 안에 실시한다. 구체적으로는 97~98쪽에서 소개한 콩을 옮기는 과제나 테트리스 등의 게임을 하면서 발한과 심박수, 근긴장 등의 생리상태가 적정 범위를 벗어나지 않도록 주의한다. 가령 발한 양이 기준치를 넘어서면 경고음을 울리도록 설정해놓고 경고음이 울리지 않도록 하면서 제한시간 안에 최대한 많은 콩을 다른 접시에 옮겨 담도록 노력한다. 그리고 단계적으로 제한시간을 단축하거나 더 많은 콩을 옮기도록 지시함으로써 스트레스 수준을 높여나간다. 스트레스가 가해지면 '지금'에 집중하기가 얼마나 어려워지는지 깨닫게 될 터인데, 이것이 실제 스포츠 현장이고 비즈니스 현장인 것이다.

그러나 단계적으로 적당한 스트레스 부하를 부여해나가면 점차 이런 상황에서도 '지금'에 집중할 수 있게 된다.

이것이 바로 스트레스에 대한 적응 현상이다.

육체적 고통 속에서
'지금'에 집중한다

　인내형 스트레스의 트레이닝에서는 육체적 고통을 견뎌내면서도 '지금'에 집중할 것을 요구받는다. '힘들어! 괴로워!'라는 잡념을 무시하고 얼마나 '지금'에 집중할 수 있느냐가 열쇠가 된다. 회피할 수 없는 어려운 상황을 견뎌냄으로써 우울함이나 불안감 같은 심리적 스트레스에 강해진다.

　운동선수에게는 이런 상황이 빈번하게 찾아온다. 이를테면 스태미나가 고갈되어 '이제 그만하고 싶어……, 포기할까……'라는 생각이 머릿속을 스쳐 지나갈 때 등이다. 인간의 신체는 육체에 대한 부담을 고려해 실제적인 육체적 한계에 이르기 전에 그 신호를 뇌에 보낸다고 한다. 요컨대 육체보다 마음이 먼저 꺾여버리는 것이다. 퍼스널 트레이너와 함께 근육 트레이닝을 하는 것은 이 리미터를 해제해 한계를 돌파하기 위해서다.

운동선수뿐만 아니라 직장인에게도 강인함은 반드시 필요하다. 목표 달성 능력이 높은 직장인과 그렇지 못한 직장인의 결정적 차이는 '포기하지 않는 마음', '될 때까지 밀어붙이는 힘'의 세기가 아닐까? 이런 강인함은 안정된 공간에서 트레이닝을 하는 것만으로는 얻을 수 없는 능력이다. 역시 실전 현장과 다를 바 없는 가혹한 상황에서 트레이닝을 할 필요가 있다.

인내형 스트레스 트레이닝은 스트레스를 견뎌내면서 '지금'에 집중하는 트레이닝이다. 부하負荷를 주는 스트레스 자극에는 여러 가지가 있는데, 여기에서는 특별한 기기나 장소가 필요 없이 집에서도 할 수 있는 트레이닝을 소개하겠다. 구체적으로는 육체적으로 가혹한 상황을 만든 뒤 '힘들어! 괴로워!'라는 잡념을 무시하고 마인드풀니스의 상태를 유지하는 트레이닝이다. 이 트레이닝에는 육체적으로 힘든 자세가 다수 존재하며 몸과 마음의 변화를 객관시하면서 실시하는 요가가 안성맞춤인데, 이 책에서는 전통적인 요가 중에서도 특히 힘든 쿤달리니 요가의 테크닉을 소개하겠다.

요가 미경험자나 초보자는 육체적인 변화를 느끼면서 '지금'에 집중하고, 요가 경험자는 육체의 내부에 있는 '기'의 활성화나 흐름을 느끼면서 '지금'에 집중하기 바란다. 트레이닝이 더욱 진행되면 명상 중의 마음 속 의식의 변화를 느끼면서 '지금'에 집중한다. 이처럼 전통적인 요가에서는 육체에서 기, 의식으로 집중하는 대상의 섬세함이 단계적으로 증가한다.

육체와 정신이 적응하도록 만들기 위해서라도 일주일에 두세 번은 실시할 것을 권한다. 이때 연속으로 하지 말고 근육이 쉴 수 있도록 하루나 이틀 정도 간격을 두면서 실시한다. 시간이 없을 경우는 가장 중요한 트레이닝인 172쪽의 '요가식 코어 트레이닝'만을 실시하기 바란다.

먼저 몇 가지 용어를 설명하겠다.

기본적인 요가 용어의 설명

쿤달리니 요가

꼬리뼈에 잠들어 있는 잠재적 에너지인 '쿤달리니'를 활성화시키고 뇌로 상승시켜 잠재능력을 개발하는 것을 목표로 삼는 요가로, 먼 옛날부터 '전설의 요가'로 불린 요가의 유파다. 요기 바잔(1929~2004년)이 세계에 퍼트렸다.

쿤달리니

요가의 철학에서는 '쿤달리니'를 인간의 근원적인 에너지로 보며, 쿤달리니가 인간의 생명활동을 유지한다고 생각한다. 또한 그 에너지가 등뼈를 통해서 뇌까지 도달하면 잠재능력이 발휘된다고 전해진다.

차크라

육체와 정신을 연결하는 에너지 센터. 인체에는 정중선正中線 위에 7개가 존재한다고 하며, 각각 육체와 정신에 커다란 영향을 끼치는 것으로 생각되고 있다. '쿤달리니'가 상승하면 각 차크라가 활성화되어 몸과 마음의 잠재능력이 높아진다고 전해진다.

제하단전

모든 기의 출발점. 7만 2,000개나 있다는 기도氣道(나디)가 교류하

는 장소. 쿤달리니의 거처. '제하단전'은 먼 옛날부터 중요시되어
온 기의 근원으로, 배꼽에서 꼬리뼈 사이(배꼽으로부터 약 5센티미터
아래)에 존재한다고 전해진다.

인내형 스트레스의 이미지

인내형 스트레스 트레이닝의 실기

호흡법의 기본자세

왼발의 발꿈치를 회음(항문과 생식기의 사이)에 대고, 오른발은 왼발의 장딴지 위에 올려놓는다. 등을 곧게 세우고, 얼굴은 정면을 향하며, 어깨와 얼굴의 긴장을 푼다.

눈을 감은 상태에서 미간을 바라보듯이 두 눈을 가볍게 모아 위로 향한다.

호흡법 중에는 제하단전에 의식을 향한다.

또한 요가에서는 특별한 지시가 없는 한 전부 코로 호흡을 한다.

호흡법의 기본자세

제하단전은 배꼽으로부터 약 5센티미터 아래

Point

· 왼발의 발꿈치를 회음에 대고, 오른발은 왼발의 장딴지 위에 올려놓는다.
· 등을 곧게 세우고, 얼굴은 정면을 향하며, 어깨와 얼굴의 긴장을 푼다.
· 눈을 감은 상태에서 미간을 바라보듯이 두 눈을 가볍게 모아 위로 향한다.
· 호흡법 중에는 '제하단전'에 의식을 향한다.

호흡법

먼저 기본 호흡법을 소개하겠다.

긴장상태처럼 육체적으로 가혹한 상황을 만들어내기 위해 불의 호흡이라고 부르는 격렬한 호흡법을 실시하는데, 어렵게 느껴지는 사람은 뒤에서 해설하는 길고 깊은 호흡을 실시하기 바란다.

호흡법의 기본자세에서 이런 호흡법을 편하게 할 수 있게 되었다면 다음 그림의 '요가식 코어 트레이닝' 자세를 유지한 상태에서 실시한다.

불의 호흡

불의호흡은 1초에 2~3회의 페이스로 실시하는 매우 힘찬 호흡법으로, 제하단전의 에너지를 강렬하게 높이는 쿤달리니 요가의 근간을 이루는 호흡법이다. 처음에는 앉은 자세에서 연습하고, 익숙해지면 다양한 자세와 조합해서 실시한다.

방법

호흡법의 기본자세로 앉아서 눈을 감고 제하단전에 의식을 집중한다.

숨을 내쉴 때 제하단전을 강하게 조이고, 들이마실 때는 제하단전을 풀어서 자연스럽게 숨이 들어오도록 한다. 들이마실 때 복근을 푸는 것이 포인트다. 긴장과 이완의 리듬이 중요하다.

1초에 2~3회의 페이스로 호흡하며, 호흡은 전부 코로 한다. 3분 동안 편하게 할 수 있도록 연습한다.

불의 호흡의 주의점

힘차게 숨을 내쉬어서 제하단전을 자극하는 것이 이 호흡법의 본래 목적이므로 속도에 연연하지 말고 호흡이 얕아지지 않도록 주의하기 바란다. 속도보다 호흡의 세기를 중시하고, 익숙해지면 서서히 속도를 높인다.

그 밖의 주의 사항은 다음과 같다.

· 가급적 공복 시에 실시하고, 식후라면 최소 두 시간 뒤에 하기 바란다.

- 음주 후나 몸에 열이 있을 때, 임신 중인 사람, 고혈압인 사람은 하지 말기 바란다.
- 호흡법 중에 손발이 저리거나 머리가 멍할 경우는 산소 결핍의 징후이므로 호흡법을 중지하고 안정에 힘쓰기 바란다.

길고 깊은 호흡

호흡법의 기본자세로 앉아서 눈을 감고 제하단전에 의식을 집중한다.

이것은 완전호흡 또는 요가호흡이라고도 부르는데, 공기 속의 기(프라나)를 배와 가슴에 가득 집어넣는 호흡법으로서 들이마시고 내쉬는 비율이 1:1이다. 일반적인 복식호흡과는 달리 프라나라고 부르는 공기 속의 기를 온몸에 집어넣음으로써 몸과 마음을 강화시킨다는 요가의 경험칙에 바탕을 두고 있다.

방법

5~6초에 걸쳐서 배와 가슴에 숨을 가득 들이마시고 5~6초에 걸

쳐서 배와 가슴에 집어넣었던 숨을 전부 내뱉는다. 들이마실 때는 배에서 가슴, 내쉴 때는 가슴에서 배의 순서가 된다.

또한 호흡은 전부 코로 한다. 어깨나 가슴 등 상반신에 불필요한 힘이 들어가지 않도록 주의한다.

배와 가슴을 각각 독립적으로 사용할 수 있게 될 때까지 연습해 보기 바란다. 처음에는 배와 가슴이 함께 움직이겠지만 점차 독립적으로 움직일 수 있게 된다. 5분 동안 할 수 있도록 연습한다.

요가식 팔굽혀펴기

이것은 쿤달리니 요가의 대표적인 워밍업 중 하나로, 상반신을 강화하고 혈액 순환을 높인다.

방법

① 양손과 양발을 각각 어깨 너비로 벌린 채 손바닥과 발꿈치는 바닥에 붙이고 허리를 제일 높은 위치로 올려서 트라이앵글 포즈를 만든다. 요가식 팔굽혀펴기를 하는 동안 양손과 양발의 위치는

항상 일정하게 유지한다.

동작 중에는 코끝을 바라보며, 트라이앵글 포즈 때만 배꼽을 바라보도록 한다.

② 트라이앵글 포즈를 유지한 채 숨을 들이마시면서 팔꿈치만을 후방으로 굽혀 턱을 바닥 가까이 가져가고 숨을 내쉰다. 동작을 시작하는 동시에 숨을 들이마시고 동작을 마치는 동시에 숨을 내쉬는 느낌이다.

③ 숨을 들이마시면서 허리를 젖혀 변형 코브라 자세를 만들고 숨을 내쉰다. 두 팔과 두 다리를 곧게 유지하며, 넓적다리도 바닥에서 띄운다.

④ 숨을 들이마시면서 허리를 들어 트라이앵글 포즈로 이행하고, 숨을 내쉬면서 발꿈치를 바닥에 붙인다. 모든 동작은 팔보다 골반을 이용해 물 흐르듯이 실시한다.

1. 양손, 양발, 허리의 세 점으로 트라이앵글 포즈를 만든다.

Point ——

· 양손과 양발을 각각 어깨 너비로 벌린 채 손바닥과 발꿈치는 바닥에 붙인다.
· 동작 중에는 코끝을 바라보며, 트라이앵글 포즈 때만 배꼽을 바라보도록 한다.

2. 양숨을 들이마시면서 팔꿈치만을 후방으로 굽혀 턱을 바닥 가까이 가져가고 숨을 내쉰다.

Point ——

· 트라이앵글 포즈를 유지한 채 팔꿈치만을 후방으로 굽힌다.
· 동작을 시작하는 동시에 숨을 들이마시고 동작을 마치는 동시에 숨을 내쉬는 느낌.

3. 숨을 들이마시면서 변형 코브라 자세를 만들고 숨을 내쉰다.

Point ──

· 숨을 들이마시면서 허리를 젖혀 변형 코브라 자세를 만들고 숨을 내쉰다.
· 두 팔과 두 다리를 곧게 유지하며, 넓적다리도 바닥에서 띄운다.

4. 숨을 들이마시면서 트라이앵글 포즈가 되고, 숨을 내쉬면서
　 발꿈치를 바닥에 붙인다.

Point ──

· 숨을 들이마시면서 허리를 들어 트라이앵글 포즈로 이행하고, 숨을 내쉬면서
　발꿈치를 바닥에 붙인다.

스트레스를 줌으로써 '최강의 멘탈'에 더욱 가까워진다!

①~④의 동작을 최대 26회 1세트로 정하고 체력에 맞춰 1~4세트 반복한다. 각 세트 사이에 1~2분 동안 천장을 바라보며 똑바로 누운 자세(사바아사나)를 끼워 넣는다. 사바아사나는 주로 요가 자세를 취한 뒤에 실시하는 이완 자세다. 천장을 바라보고 똑바로 누워서 눈을 감고 자연 호흡을 하며 몸에서 힘을 뺀다. 양발은 어깨너비보다 조금 넓게 벌리고, 두 팔도 양발과 같은 너비로 벌리며 손바닥은 위를 향한다.

이 상태에서 직전에 취했던 자세에 따른 몸과 마음의 변화를 느끼면서 '지금'에 집중한다.

집중하는 포인트

초보자: 트레이닝을 하는 동안 '힘들어! 괴로워!'라는 잡념을 무시한 채 팔의 펌프업을 느끼면서 '지금'에 집중한다. 1세트를 마칠 때마다 사바아사나 자세가 되어서 팔의 펌프업이나 심장 박동, 호흡의 상태를 관찰하고 점차 차분해짐을 느낀다.

중상급자: 트레이닝을 하는 동안 '힘들어! 괴로워!'라는 잡념을 무시한 채 온몸의 혈액 순환을 느끼면서 '지금'에 집중한다. 1세트를 마칠 때마다 사바아사나 자세가 되어서 온몸의 혈액 흐름을 느

끼며 점차 흐름이 안정되어 가는 것을 관찰한다.

사바아사나는 근육 트레이닝의 인터벌처럼 단순히 쉬는 것이 아니라 직전에 실시한 트레이닝의 효과를 느끼면서 '지금'에 집중하는 마인드풀니스한 상태다. 트레이닝 중에도 움직이면서 명상한다는 느낌으로 실시한다.

요가식 코어 트레이닝

이 트레이닝은 쿤달리니 요가의 다양한 트레이닝 중에서도 가장 중요시되며, 제하단전의 힘을 강렬하게 높여주는 효과가 있다고 전해진다. 대요근이나 복직근 등의 체간부, 횡격막이나 복횡근 등의 호흡근도 강화된다.

방법

천장을 보고 똑바로 누워서 상반신을 가볍게 들고 턱을 가볍게 당긴다. 두 팔을 바닥에서 띄우고 양 손바닥은 몸을 향한다(몸에 붙

Point

· 천장을 보고 똑바로 누워서 상반신을 가볍게 들고 턱을 가볍게 당긴다.
  두 팔을 바닥에서 띄우고 양 손바닥은 몸을 향한다.
· 양발을 모으고 발끝을 뻗은 채로 바닥에서 15센티미터 정도 들어올린다.
· 눈의 높이와 엄지발가락의 높이가 같게 하고 시선은 엄지발가락을 향한다.

이지는 않는다). 양발을 모으고 발끝을 뻗은 채로 바닥에서 15센티
미터 정도 들어올린다. 눈의 높이와 엄지발가락의 높이가 같게 하
고 시선은 엄지발가락을 향한다.

이 자세에서 불의 호흡이나 길고 깊은 호흡을 1~3분 동안 실시
한다. 끝났으면 1~2분 동안 사바아사나 자세가 되어서 자연 호흡
을 하며 복근의 긴장과 제하단전의 활성화를 느낀다.

집중하는 포인트

초보자: 자세를 유지하는 가운데 '힘들어! 괴로워!'라는 잡념을 무시하고 복근의 긴장을 느끼면서 '지금'에 집중한다.

중상급자: 자세를 유지하는 가운데 '힘들어! 괴로워!'라는 잡념을 무시하고 복근의 긴장을 느끼면서 '지금'에 집중한다.

호흡도 격렬해지고 육체적으로 매우 힘든 상태이지만, 철저하게 몸과 마음의 변화에 의식을 향한다. 시선도 엄지발가락에서 떼지 않고 철저히 집중한다. 이렇게 함으로써 피곤하고 고달픈 상태에서도 집중력을 흐트러트리지 않고 눈앞의 행동에 집중할 수 있게 된다.

요가식 스쾃

이 트레이닝은 하반신을 강화하면서 그 에너지를 뇌까지 보낸다고 전해진다.

스트레스를 줌으로써 '최강의 멘탈'에 더욱 가까워진다!
173

방법

① 양 발꿈치를 바닥에서 띄운 상태로 붙이고, 발끝은 바깥쪽을 향한다. 골반이 발꿈치에 가까워지도록 허리를 낮춘다. 두 팔이 양 무릎 사이에 들어오게 하고 양손을 양발의 약 30센티미터 전방에 둔 채 손가락 끝을 바닥에 댄다.

눈을 감고 얼굴은 정면을 향하며 상체는 가급적 곧게 유지한다. 일단은 이 상태를 철저히 유지한다. 이 트레이닝을 하는 동안 양손과 양발의 위치는 항상 일정하게 유지한다.

② 숨을 들이마시면서 두 다리를 뻗고 엉덩이를 올려 이마가 양 무릎 근처에 오게 한다. 이때 목의 힘은 뺀다. 그 상태에서 힘차게 숨을 내쉬면서 신체를 낙하시키듯이 원래의 상태로 돌아간다.

발꿈치는 항상 바닥에서 띄운다. 앉았을 때 에너지가 꼬리뼈에서 상반신을 향해 올라온다고 생각한다.

26회부터 시작해서 체력에 맞춰 52회, 108회로 횟수를 늘려 나간다. 끝나면 1~2분 동안 사바아사나 자세가 된다.

1. 골반이 발꿈치에 가까워지도록 허리를 낮추고, 두 팔이 양 무릎 사이에 들어오게 한 상태로 손가락 끝을 바닥에 댄다.

Point ───

· 양 발꿈치를 바닥에서 띄운 상태로 붙이고, 발끝은 바깥쪽을 향한다.
· 두 팔이 양 무릎 사이에 들어오게 하고 양 손을 양발의 약 30센티미터 전방에 둔 채 손가락 끝을 바닥에 댄다.
· 눈을 감고 얼굴은 정면을 향하며 상체는 가급적 곧게 유지한다.

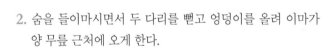

2. 숨을 들이마시면서 두 다리를 뻗고 엉덩이를 올려 이마가 양 무릎 근처에 오게 한다.

Point ───

· 이 상태에서 힘차게 숨을 내쉬면서 신체를 낙하시키듯이 원래의 상태로 돌아간다.
· 발꿈치는 항상 바닥에서 띄운다.
· 앉았을 때 에너지가 꼬리뼈에서 상반신을 향해 올라온다는 느낌.

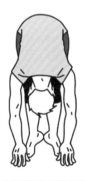

집중하는 포인트

초보자: 트레이닝을 하는 가운데 '힘들어! 괴로워!'라는 잡념을 무시하고 다리의 펌프업을 느끼면서 '지금'에 집중한다. 끝나면 사바아사나 자세가 되어서 펌프업이나 심장 박동, 호흡의 상태를 관찰하고 점차 차분해지는 것을 느낀다.

중상급자: 트레이닝을 하는 가운데 '힘들어! 괴로워!'라는 잡념을 무시하고 꼬리뼈의 에너지가 상승하는 것을 느끼면서 '지금'에 집중한다. 웅크렸을 때 꼬리뼈에서 상반신을 향해 에너지가 올라가는 느낌이다. 끝나면 사바아사나 자세가 되어서 꼬리뼈에서 상반신으로 에너지가 흐르는 것을 느끼며 점차 차분해지는 것을 관찰한다.

트레이닝 중에도 움직이면서 명상한다는 느낌으로 실시한다.

지금 소개한 트레이닝은 조금 힘든 것이기 때문에 건강에 불안이 있는 사람은 먼저 의사의 진단을 받아볼 것을 권한다. 또한 몸 상태가 좋지 않을 때나 음주 후에는 절대 하지 말고, 식사 후라면 적어도 두 시간이 지난 뒤에 하기 바란다.

쿤달리니 요가는 매우 힘든 트레이닝인 까닭에 근육 트레이닝처럼 육체가 단련된다. 그러나 쿤달리니 요가의 진수는 인간의 생명력, 잠재능력과 관련된 기의 에너지를 크게 높여준다는 데 있다. 또한 6장에서 소개하는 '피크 퍼포먼스 프로그램'과 조합해서 라이프스타일에 포함시키면 육체와 정신 양쪽을 단련할 수 있다. 체력의 신체적 요소와 정신적 요소를 모두 파워업시켜주는 것이다.

아침에 할 경우는 쿤달리니 요가를 먼저 한 다음 '피크 퍼포먼스 프로그램'을 실시하기 바란다. 또한 아침에는 할 시간이 없다면 밤에 쿤달리니 요가와 '피크 퍼포먼스 프로그램'의 아침과 밤 프로그램을 한꺼번에 해도 상관없다.

쿤달리니 요가는 1,000여 개가 넘는 기법들로 구성되어 있으며, 여기에는 체조와 크리야라고 부르는 특수한 테크닉과 명상이 포함되어 있다. 이 책에서 소개한 것은 지극히 일부에 불과하지만, 그 중에서 육체와 정신을 균형 있게 단련할 수 있는 것들을 엄선했다. 특히 일명 '스트레칭 포즈'라고도 부르는 '요가식 코어 트레이닝'은 쿤달리니 요가에서도 가장 중요시되는 트레이닝으로, 이것만 해도 제하단전이 활성화되어 온몸에 영향을 끼친다. 게다가 육체적인 측면에서도 인체의 기둥 역할을 하는 대요근을 포함한 코어 근육을 단련시켜준다. 또한 요가식 코어 트레이닝을 한 뒤에 요가식 스쾃을 하면 제하단전의 에너지가 뇌까지 상승한다고 전해진다.

인간이 어떤 행동을 하려면 에너지가 필요하다. 끝까지 해내려는 강한 의지를 발휘할 때는 물론이고 편하게 쉴 때조차도 사실은 에너지가 필요하다. 실제로 인간이 자고 있을 때와 깨어 있을 때의 대사량은 거의 차이가 없다. 요컨대 자는 데도 나름의 에너지가 필요하다는 말이다. 무더운 날에 에어컨을 켜면 방은 시원해진다. 그러나 그 이면, 즉 에어컨에서는 상당한 열에너지가 발생한다. 인간의 신체 역시 마찬가지여서, 자신을 치유하는 데도 에너지가 필요하다.

비즈니스 스킬이나 스포츠 스킬을 습득하면 틀림없이 다양한 상황에서 도움이 될 것이다. 그러나 이런 것들은 어디까지나 애플리케이션 소프트웨어다. 그것을 사용하는 주체는 인간이며, 따라서 인간이라는 하드웨어를 단련하고 업데이트시켜나갈 필요가 있다.

출근 지하철 안에서
마인드풀니스

    출근하는 동안에 할 수 있는 인내형 스트레스의 트레이닝을 한 가지 소개하겠다. 출근시간의 지하철 안은 발을 밟히기도 하고, 다른 사람의 가방에 부딪히기도 하고, 마음껏 숨을 쉬기도 힘든 등 그야말로 히말라야 산중과도 같은 환경이다. 요컨대 최고의 스트레스 환경인데, 역전의 발상으로 생각하면 이보다 인내형 스트레스 트레이닝에 적합한 환경은 없다고도 할 수 있다. 출근 시간의 혼잡은 많은 직장인들이 그날 제일 먼저 만나게 되는 스트레스이며, 거의 매일 반복된다는 점에서 고통스럽게 느끼는 사람도 많을 것이다. 어차피 피할 수 없다면 이 상황을 트레이닝에 활용해보는 것은 어떨까?

지하철이 콩나물시루 같더라도 '오늘은 트레이닝을 하기에 정말 훌륭한 환경인 걸!'이라고 긍정적으로 생각해보자. 출근시간에는 온갖 스트레스가 혼재하지만, 가능하면 그런 상황 속에서도 항상 마인드풀니스한 상태를 유지하기 바란다.

스트레스에
이중으로 대처한다

이때 효력을 발휘하는 것이 마인드풀니스의 중요한 키워드인 '꼬리표 붙이기'와 객관적으로 자신을 바라보는 '객관화'라는 테크닉이다. 일반적으로 지하철역의 플랫폼에서 누군가에게 새치기를 당하거나 어깨가 부딪히거나 타고 내릴 때 발을 밟히면 '발끈'할 것이다.

그러나 사실 이때 뇌는 반응하지 않는다. '발끈'하는 것은 그 뇌의 소유자인 나 자신이지 뇌 자체가 아니라는 말이다. 무슨 말인가 하면, 발을 밟혔을 때 '이것은 기분 나쁜 사건이야!'와 같이 우리가 멋대로 '나쁘다'라는 꼬리표를 붙인다는 것이다. 그리고 나쁜 일이 눈앞에서 일어나고 있으면 뇌는 '몸과 마음을 긴장상태로 만들어야 해!'라고 판단해 긴장 호르몬인 아드레날린을 분비시킴으로써 그 상황에 대비하려 한다.

그런데 만약 발을 밟히면 그날의 운수가 좋아진다고 여기는 민족이 있다면 어떨까? 틀림없이 발을 밟힌 순간 좋아서 어쩔 줄 몰라 할 것이고, 뇌는 쾌감 호르몬인 도파민을 분비할 것이다.

이것은 조금 과장된 예시였을지도 모른다. 그렇다면 이런 예시는 어떨까? 가령 영어를 모르는 운동선수가 있다면 관중석에서 누군가가 영어로 야유를 퍼붓는다 한들 아마도 그 선수는 부정적인 감정이 들지 않을 것이다. 야유의 내용을 이해하지 못해 꼬리표 붙이기가 성립하지 않기 때문이다. 그러나 야유를 이해하게 되면 '말이 너무 심하지 않아?'라는 나쁜 꼬리표가 붙으며, 결국 뇌가 그에 맞는 호르몬을 분비하기 시작한다. 이처럼 뇌 자체는 눈앞에서 일어난 현상에 대해 거의 반응을 하지 않으며, 그 뇌의 소유자인 우리가 '좋다' 혹은 '나쁘다'라는 평가를 내리면 그에 맞는 호르몬을 분비할 뿐인 것이다. 요컨대 매사에 '좋다' 혹은 '나쁘다'라는 꼬리표를 붙이지 않는 습관을 들이면 스트레스 호르몬의 분비를 한없이 억제할 수 있다.

그런데 만약 꼬리표를 붙여버렸다면 어떻게 해야 할까? 스트레스는 약간의 빈틈만 보여도 꼬리표를 분류하는 작업을 태연하게 강행해버린다. 즉, '꼬리표 붙이지 않기' 작전이 돌파 당했을 경우도 염두에 둬야 할 것이다.

그럴 때는 또 다른 테크닉인 객관화가 도움이 된다. 가령 지하철 안에서 발을 밟혀 '발끈'했다고 가정하자. 이미 '나쁘다'라는 평가가 내려진 상태. 이대로 놔두면 스트레스 수준은 점점 높아지고 만다. 그러므로 이렇게 발끈했을 때는 머릿속에서 '○○이라는 생각을 했다'라고 덧붙여보기 바란다. '발끈했다……라는 생각을 했다'라고 덧붙이기만 해도 객관적으로 자신을 바라볼 수 있게 된다. 고작 이것만으로 감정과 자신을 분리시킬 수 있는 것이다.

사실 이 테크닉은 요가의 핵심과 통하는 측면이 있다. 운동선수라면 플레이 중에 관중석에서 야유가 날아온 경험이 꽤 있을 것이다. 그럴 때 야유에 일일이 반응하면 한도 끝도 없으며 마인드풀니스한 상태가 붕괴되어 경기력의 저하를 초래하고 마는데, 그런 상황에서 도움이 되는 것이 스트레스에 대한 이중 대처법이다. 부디 출근 지하철 등을 훈련장으로 삼아서 실천, 활용해보기 바란다.

스트레스를 줌으로써 '최강의 멘탈'에 더욱 가까워진다!

스트레스를 이용해
최강의 멘탈을 단련한다

인내형 스트레스 트레이닝이 과거에 자주 볼 수 있었던 근성론 트레이닝과 비슷하게 느껴지는 사람도 있을지 모른다. 그러나 언뜻 비슷해 보여도 '본인이 수긍하고 실천한다'와 '하기 싫지만 시키니까 억지로 한다'라는 근본적인 차이가 있다. 똑같은 트레이닝을 하더라도 이 트레이닝을 하면 장기적으로 어떤 좋은 효과가 있는지 머릿속에 그리면서 할 때와 싫은데 억지로 할 때 얻을 수 있는 정신적인 효과는 완전히 다르다. 아니, 애초에 억지로 해서는 절대 마인드풀니스한 상태를 만들 수가 없다.

그러나 한편으로 스트레스가 없는 생활을 계속하면 스트레스에 대한 면역이 생기지 않기 때문에 무엇인가 어려운 상황에 직면했을 때 털어내지 못하고 타격을 고스란히 입게 된다. 스트레스가 너무 적어도, 반대로 너무 많아도 몸과 마음의 건강에 좋지 않으므로 적당한 스트레스 부하를 정기적으로 주는 습관이 필요한 것이다. 이것은 앞에서 이야기한 근육 트레이닝의 이론과 같아서, 자신에게 맞지 않는 무게의 바벨을 억지로 들어올리면 부상을 당하게 되며 반대로 바벨이 너무 가벼우면 효과를 거의 보지 못한다.

승부처는 중요한 동시에 긴박한 상황이다. 스트레스를 주는 상황으로, 그 스트레스를 끝까지 견뎌내고 주어진 임무를 수행할 필요가 있다. 그리고 이를 위해서는 근육 트레이닝으로 육체를 단련하듯이 평소부터 스트레스라는 바벨을 들어올려 스트레스에 대한 저항력을 키워놓는 습관이 필요하다.

6장

존 상태로 이끄는
피크 퍼포먼스 프로그램

'피크 퍼포먼스 프로그램'을 실시하기에 앞서 2장의 '뇌 유형'을 확인해놓기 바란다.

출근 전에
퍼포먼스를 최고조로!

1단계

마인드풀니스로 뇌를 리셋한다.

반복해서 말하지만, 존 상태에 가까워지기 위한 열쇠는 '결과'가 아니라 눈앞의 행동에 얼마나 몰두할 수 있느냐다. 이를 위해서는 생각을 멈추고 뇌를 중립적인 상태로 이끌 필요가 있으므로 3장의 요가 트레이닝을 통한 마인드풀니스로 몰두 상태에 들어갈 기반을 만든다.

2단계

호흡법으로 자율신경을 최적화한다.

다음으로는 존 상태의 또 다른 조건인 중각성 상태를 만들어내야 한다. 중각성 상태는 이완과 집중의 균형이 잡힌 상태이며, 존은 이것이 극한에 이른 상태다. 중각성 상태를 만들어내는 트레이닝으로는 뉴로피드백 등 최신 테크놀로지를 이용하는 본격적인 방법도 있지만, 여기에서는 집이나 사무실에서 할 수 있는 자율신경을 통해 접근하는 방법을 소개하겠다.

4장에서 소개한 숨을 들이마시는 시간과 내쉬는 시간이 1:1인 호흡법으로 자율신경의 균형을 조정한다. 자세를 바르게 하고 눈을 절반만 감은 채 코로 5~6초에 걸쳐 숨을 들이마시고 입으로 '슈~'라는 호흡음과 함께 5~6초에 걸쳐 내쉰다. 들이마실 때 교감신경이 활성화되고 내쉴 때 부교감신경이 활성화되므로 같은 비율로 호흡을 하면 자율신경의 균형이 잡히며, 그것도 약 10초에 1회의 호흡 속도일 때 가장 균형이 잡힌다.

기본적으로는 1:1 호흡을 하지만, 자신이 저각성 유형(안정 시)이라거나 졸릴 때, 집중력을 높이고 싶을 때는 불의 호흡을 3분 동안 실시하자. 불의 호흡이 어려울 경우는 조금 효과가 떨어지기는 하지만 8초에 걸쳐 코로 숨을 들이마시고 4초에 걸쳐 입으로 숨을 내쉬는 2:1 호흡을 5분 동안 하는 것으로 대체가 가능하다. 숨을 들이마시는 시간을 길게 하면 1:1 호흡을 할 때보다 교감신경이 우위가 된다.

한편 고각성 유형(안정 시)이라거나 신경이 날카로울 때, 이완 효과를 높이고 싶을 때는 눈을 감은 채로 4초에 걸쳐 코로 숨을 들이마시고 8초에 걸쳐 입으로 숨을 내쉬는 1:2 호흡을 5분 동안 실시하자.

숨을 내쉬는 시간을 길게 하면 부교감신경이 1:1 호흡을 할 때보다 부교감신경이 우위가 된다.

밤 프로그램

이미지의 힘으로
잠재능력을 끌어낸다!

비즈니스나 스포츠의 분야에는 '성공 이미지를 뇌리에 각인시키는 것이 중요하다!'라는 사고방식이 있는데, 이것은 틀린 생각이 아니다. 심리학 분야에서는 자신에 대한 이미지를 자기 이미지 혹은 셀프 이미지라고 부르며, 자기 이미지가 나쁘면 무엇을 하든 잘 풀리지 않는다고 생각한다.

가령 과거에 중요한 프레젠테이션마다 실패해 쓰디쓴 경험을 거듭해온 직장인은 '다음에는 기필코!'라고 맹세하며 철저히 준비하지만, 한편으로는 불안감을 벗어던지지 못할 것이다. 현재의식懸在意識에서는 '이만큼 준비를 철저히 했으니 이번에는 틀림없어!'라고 생각하면서도 잠재의식 쪽에서는 '어차피 또 실패할 텐데……' 라며 포기하는 자신, 실패하는 자신을 떠올리기 때문이다. 이 모순된 감정이 눈에 보이지 않는 불안감으로 이어지는 것으로 생각된다. 댄서가 안무를 완벽하게 기억하고 있는데 매번 같은 부분에서 실수를 저지르는 경우가 있는 것도 잠재의식 속에서 '또 실수를 저지르는 자신'을 떠올리기 때문으로 보인다. 이런 상황에서는 현재 의식에서 아무리 열심히 노력해도 어쩔 수 없이 한계가 생기고 마는데, 이럴 때 도움이 되는 것이 잠재의식에 작용하는 이미지 트레이닝이다.

극단적으로 말하면 나쁜 이미지를 지울 방법은 좋은 이미지로 덧씌우는 것밖에 없다. 이미지 트레이닝이라면 지금까지도 많이 해왔지만 별다른 효과가 없었다고 느끼는 사람도 많을 터인데, 그 원인은 뇌의 각성 수준과 관련이 있는 것으로 생각된다. 고베타파가 우위인 상태가 되면 뇌는 사고思考 위주로 활동한다. 이 상태는 이미지나 창조성을 발휘하기에 그다지 적합하지 않다. 업무를 척척 처리해나가기에는 적합하지만 이미지 트레이닝을 하기에는 부적합한 상태인 것이다. 그러므로 먼저 각성 수준을 낮춰서 이미지 트레이닝에 적합한 뇌 환경으로 만들 필요가 있다. 이미지 트레이닝에 적합한 상태는 뇌파의 경우 세타파에서 알파파에 걸친 영역 (6~10헤르츠)이다. 이 상태를 '알파/세타 상태'라고 부르며 다른 말로는 깊은 명상 상태, '삼매三昧의 경지'라고도 하는데, 이미지가 가장 선명하게 솟아나는 상태로 생각되고 있다.

이 알파/세타 상태는 이미지가 정착되기 쉬운 상태로, 이 상태에서 이미지 트레이닝을 하면 높은 효과를 기대할 수 있는 것으로 생각되고 있다. 일반적으로 눈을 감고 안정을 취하는 상태는 알파파가 우위인 이완상태다. 그리고 이 알파파 우위의 상태에서 각성수준을 더욱 낮춰 세타파에 가까워진 상태가 알파/세타 상태다. 알파/세타 상태는 만들어내는 것 이상으로 유지하기가 어려운 상태이기도 하다. 각성 수준이 너무 낮아지면 이번에는 델타파라고 부르는 수면 중에 우위가 되는 뇌파 성분이 강해지기 때문이다. 좌선을 예로 들면 졸아서 경책警策을 맞기 직전의 아슬아슬한 상태가 알파/세타 상태라고 할 수 있다. 감각적으로는 자는 것도 아니고 깨어 있는 것도 아닌 몽롱한 반각성 상태, 주술사의 변성 의식(트랜스) 상태와 비슷하다고도 한다. 이 원리는 1977년에 생물학자인 엘머 그린이 발견했으며 1989년에 의사인 유진 페니스톤이 임상적 진화를 이룩한 이론이다.

기대할 수 있는 효과로는 기분[1], 불안장애[2], PTSD[3], 알코올 의존증의 개선[4~6], 예술[7], 뮤지션[8], 댄서[9]의 퍼포먼스 향상 등을 들 수 있다. 일반적으로는 알파파와 세타파를 음으로 변환해서 클라이언트에게 지금의 뇌파 상태를 피드백시키는 뉴로피드백을 통한 트레이닝이 유명하다.

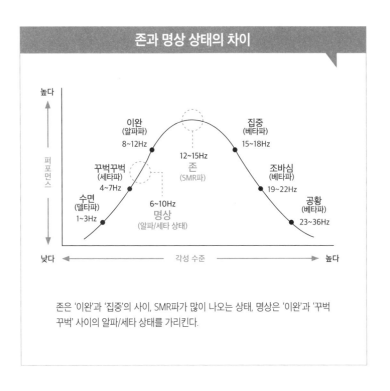

존과 명상 상태의 차이

높다

퍼포먼스

이완
(알파파)
8~12Hz

12~15Hz
존
(SMR파)

집중
(베타파)
15~18Hz

꾸벅꾸벅
(세타파)
4~7Hz

조바심
(베타파)
19~22Hz

수면
(델타파)
1~3Hz

6~10Hz
명상
(알파/세타 상태)

공황
(베타파)
23~36Hz

낮다 ← 각성 수준 → 높다

존은 '이완'과 '집중'의 사이, SMR파가 많이 나오는 상태, 명상은 '이완'과 '꾸벅꾸벅' 사이의 알파/세타 상태를 가리킨다.

1단계

과학적으로 명상 상태를 만들어 잠재의식에 접근한다.

여기에서는 집에서도 할 수 있는 방법으로서 호흡법을 통해 알파/세타 상태에 가까워지는 방법을 소개하겠다. 다시 한 번 말하지만, 이미지 트레이닝은 알파/세타 상태에서 하는 것이 중요하다. 이를 위해서는 사무실이나 경기 현장 같은 곳이 아니라 편하게 쉴 수 있는 집 같은 곳에서 하는 것이 좋다. 그것도 출근 전 같은 바쁜 시간대가 아니라 잠자리에 들기 전의 편안한 시간대가 바람직하다. 그리고 각성 수준을 낮추는 가장 효과적인 방법이 호흡법이다. 아침 프로그램의 호흡법은 자율신경의 균형을 잡아줬지만, 이번에 소개하는 것은 부교감신경을 활성화시켜 이완을 촉진하는 유형의 호흡법이다.

당장 호흡법의 소개로 넘어가고 싶지만, 호흡법을 실시하기 전에 꼭 거쳤으면 하는 과정이 있다. 신체의 완화다. 일을 마치고 귀가했을 때의 몸은 긴장으로 굳은 상태다. 이렇게 몸이 경직된 상태에서는 깊은 명상 상태에 들어가기가 매우 어렵다. 그래서 요가 자세로 몸을 철저히 풀어주는 과정이 필요한 것이다. 또한 여기에는 근육을 이완시키고 혈액 순환을 촉진하며 피로 회복을 높이는 효과도 있다.

호흡법을 실시하기에 앞서 지금부터 소개하는 일련의 자세로 몸을 풀어주기 바란다. 고작 네 가지 자세이지만 온몸의 근육을 이완시켜준다. 자세를 취하는 도중에는 항상 눈을 감고 자연스럽게 호흡한다.

후굴(백밴딩) 자세: 넓적다리의 근육이 늘어나는 것을 느낀다.

넓적다리의 근육이 늘어나는 것을 느끼면서 30초~1분 동안 '지금'에 집중한다. 끝나면 30초 정도 사바아사나 자세(똑바로 누운 자세)로 긴장을 풀어준다(몸이 굳은 사람은 양손이나 팔꿈치로 몸을 지탱한다).

코브라 자세: 복근이 늘어나는 것을 느낀다.

배의 근육이 늘어나는 것을 느끼면서 30초~1분 동안 '지금'에 집중한다. 끝나면 30초 정도 사바아사나 자세로 긴장을 풀어준다(몸이 굳은 사람은 양손의 위치를 어깨보다 앞에 두거나 팔꿈치를 가볍게 굽히도록 한다).

전굴(포워드밴딩) 자세: 넓적다리 뒤쪽·허리의 근육이 늘어나는 것을 느낀다.

넓적다리 뒤쪽에서 허리 주변의 근육이 늘어나는 것을 느끼면서 30초~1분 동안 '지금'에 집중한다. 끝나면 30초 정도 사바아사나 자세로 긴장을 풀어준다(몸이 굳은 사람은 장딴지나 발목 주변을 잡으면서 무릎을 가볍게 굽힌다).

쟁기 자세: 등·어깨·목의 근육이 늘어나는 것을 느낀다.

등에서 어깨, 목 주변의 근육이 늘어나는 것을 느끼면서 30초~1분 동안 '지금'에 집중한다. 끝나면 30초 정도 사바아사나 자세로 긴장을 풀어준다(몸이 굳은 사람은 양손으로 허리를 지탱해서 목이나 어깨의 부담을 줄인다).

각 자세 모두 30초~1분 동안 정지하고, 그 후에 30초 정도 사바아사나 자세를 취한다. 그 자세를 취함으로써 생겨나는 몸과 마음의 변화를 관찰하는 것이 중요하므로 그림과 똑같은 자세를 만들지 못해도 상관없다. 무리하다 근육을 다치면 문제다.

매일 조금씩 도전하면 자연스럽게 몸이 부드러워진다.

호흡법을 실시하기 전 몸을 풀어주자!

· 후굴(백밴딩) 자세: 넓적다리의 근육이 늘어나는 것을 느낀다.

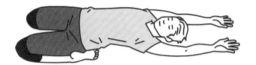

Point ──

· 넓적다리의 근육이 늘어나는 것을 느끼면서 30초~1분 동안 '지금'에 집중한다.
· 몸이 굳은 사람은 양손이나 팔꿈치로 몸을 지탱한다.

· 코브라 자세: 복근이 늘어나는 것을 느낀다.

Point ──

· 배의 근육이 늘어나는 것을 느끼면서 30초~1분 동안 '지금'에 집중한다.
· 몸이 굳은 사람은 양손의 위치를 어깨보다 앞에 두거나 팔꿈치를 가볍게 굽힌다.

· 전굴(포워드밴딩) 자세: 넓적다리 뒤쪽, 허리의 근육이 늘어나는 것을 느낀다.

Point

· 넓적다리 뒤쪽에서 허리 주변의 근육이 늘어나는 것을 느끼면서 30초~1분 동안 '지금'에 집중한다.
· 몸이 굳은 사람은 장딴지나 발목 주변을 잡으면서 무릎을 가볍게 굽힌다.

· 쟁기 자세: 등, 어깨, 목의 근육이 늘어나는 것을 느낀다.

Point

· 등에서 어깨, 목 주변의 근육이 늘어나는 것을 느끼면서 30초~1분 동안 '지금'에 집중한다.
· 몸이 굳은 사람은 양손으로 허리를 지탱해서 목이나 어깨의 부담을 줄인다.

집중하는 포인트

① 자세를 취하는 도중(각 요가 자세)

② 자세를 취한 뒤(사바아사나)

각각의 상태에서 몸과 마음의 변화를 의식하며 '지금'에 집중한다. 구체적으로는 자세를 취함으로써 몸이 풀리는 것을 느끼고, 그와 함께 마음이 변화하며, 사바아사나로 그 효과의 여운에 잠기는 느낌이다. 잡념이 솟아나도 무시하고 근육이 늘어나는 것에 의식을 향한다. 즉, 단순히 몸을 풀어주기 위해 이런 자세를 취하는 것이 아니라 그 자체가 마인드풀니스의 트레이닝인 것이다. 또한 각 자세는 저마다 늘리는 근육의 부위가 다르고 얻을 수 있는 감각도 조금씩 다르다. 부디 그런 감각적인 차이도 의식해보기 바란다.

운동선수나 장인 등 섬세한 감각이 요구되는 사람들에게 이 트레이닝은 감각을 날카롭게 해준다는 측면에서도 우수한 트레이닝이라고 할 수 있다. 그리고 요가 자세를 통한 신체의 완화와 그 후에 실시하는 호흡법을 통한 자율신경의 완화가 상승효과를 일으켜 더욱 깊은 명상 상태로 이끌어줄 것이다.

시간이 없는 사람은 이 완화 과정을 생략하고 호흡법부터 시작하기 바란다.

몸을 철저히 풀어줬다면 드디어 호흡법으로 넘어간다. 구체적으로는 5~10분 동안 4초에 걸쳐 코로 숨을 들이마시고 8초에 걸쳐 입으로 숨을 내쉰다. 내쉴 때는 입을 살짝 오므리고 천천히 내쉬는 것이 핵심이다. 양반다리로 바닥에 앉아서 하든 의자에 앉아서 하든 상관없지만, 등을 꼿꼿하게 펴고 상반신의 긴장을 푼다.

각성 수준을 낮추고 이미지를 선명하게 만들기 위해 눈을 감는다. 아직 호흡법이 익숙하지 않은 사람은 숨이 들어오고 나가는 호흡 자체에 의식을 향하며 '지금'에 집중한다. 그리고 익숙해지면 제하단전을 의식하는 가운데 호흡에 따른 몸과 마음의 변화를 느끼면서 '지금'에 집중한다.

나의 임상 경험에 따르면 익숙하지 않은 동안은 알파/세타 상태를 만드는 데 상당한 시간이 걸린다. 그러므로 처음에는 최소 10분은 실시하는 것이 바람직하다. 그 정도 시간을 마련하기가 어렵다면 5분이라도 상관은 없지만, 최대한 집중해서 하자. 익숙해지면 점차 뇌가 감각적으로 이 상태를 기억해 좀 더 빠르게 이 상태에 들어갈 수 있게 되므로 직장인이라면 지하철 안이나 업무 중의 자투리 시간, 운동선수는 경기 중의 인터벌 등에 같은 상태를 만들어낼 수 있게 된다.

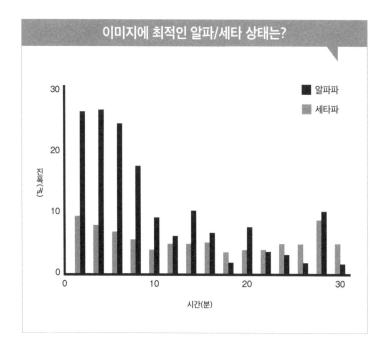

위의 그래프는 뉴로피드백을 통한 알파/세타 트레이닝에서 시간의 경과에 따른 알파파와 세타파의 추이를 나타낸 데이터다. 10분을 넘긴 무렵부터 비율이 변화함을 확인할 수 있다. 이 알파파와 세타파가 길항하는 상태가 최고의 이미징 상태로 생각된다.

2단계

이상적인 자신을 잠재의식 속에 프로그래밍한다.

호흡법을 통해 알파/세타 상태를 만들어냈다면 이제는 호흡이나 제하단전에 의식을 집중하기를 멈추고 이미징을 시작한다. 구체적으로는 눈을 감은 상태에서 부담스러운 상황을 자신감이 넘치는 당당한 표정으로 어려움 없이 헤쳐 나가는 자신의 이미지를 5~10분 동안 그려보기 바란다. 이때 세세한 수치 목표 같은 것은 생각하지 말도록 하자. 가령 직장인이라면 당당하게 프레젠테이션을 하는 상황을, 운동선수라면 부담 되는 상황을 당당한 플레이로 헤쳐 나가는 모습을 떠올린다. 특히 이때 자신감이 넘치거나 웃고 있는 등 긍정적인 표정을 짓고 있는 자신을 떠올리자. 이미지는 구체적이지 않아도 상관없으며, 상황이 자연스럽게 진행되기만 하면된다.

이미지를 너무 강하게 떠올리려고 하면 오히려 사고思考를 시작해버릴 수 있다. 이미지 트레이닝의 어려운 점은 수치 목표 등 현실적인 것을 지나치게 생각하면 그 즉시 베타파가 섞여서 알파/세타 상태를 차단해버린다는 것이다. 사고를 시작한 것이 느껴지면 일단 이미징을 멈추고 다시 호흡에 집중하기 바란다.

기본적으로는 이미징을 하면서도 호흡법을 계속하지만, 호흡하는 것을 잊어버릴 만큼 몰두하게 되더라도 전혀 문제가 없다. 오히려 상당히 좋은 상태라고 할 수 있다. 이미지 트레이닝을 할 때는 뇌를 사고 모드에서 감각 모드로 전환해야 한다. 한 영화에서 이소룡이 제자에게 말했듯이 "Don't think, Feel(생각하지 말고 느껴)!"인 것이다.

이미지 트레이닝을 할 때는 넉넉한 옷을 입는 것이 좋다. 만약 업무 도중에 한다면 넥타이나 벨트를 조금 풀어줄 것을 권한다. 또한 각성 수준을 낮출 필요가 있으므로 반드시 눈을 감고 한다. 이때 잠들어버리지 않도록 주의하는데, 졸음이 느껴질 경우는 억지로 하려고 하면 스트레스 상태가 되니 그 시점에 끝내도록 한다. 익숙해지면 각성 수준을 낮추면서도 의식이 선명한 상태를 유지할 수 있게 된다.

그리고 당연한 말이지만 이런 이미지 트레이닝은 평소에 꾸준히 노력할 때 비로소 의미를 지닌다. 각자의 분야에서 필요한 스킬 또는 테크닉을 익히지 못했거나 준비가 부족하다면 이미지 트레이닝을 한다고 해서 좋은 결과를 얻을 수는 없다는 말이다. 어디까지나 자신이 지닌 본래의 능력을 승부처에서 유감없이 발휘하기 위한 테크닉으로 인식하기 바란다.

감사의 명상

이미지 트레이닝의 마지막 단계로 업무나 사생활에서 자신을 뒷받침해주고 있는 사람들을 향해 3~5분 정도 '감사의 명상'을 하자.

이미지 트레이닝의 자세를 유지한 채, 눈을 감은 상태에서 자연호흡을 한다. 업무가 순조롭게 진행되고 사생활도 충실하면 자연스럽게 그 결과가 자신의 능력 덕분이라고 과신할 위험성이 있다. 그래서 개인플레이가 심해지면 일이 잘 풀릴 때야 문제가 없지만 위기에 처했을 때 아무도 손을 내밀어주지 않게 된다. 아무리 자신의 능력이 발전했더라도 비즈니스를 혼자서 할 수는 없다. 수많은 사람이 관여할 때 비로소 하나의 업무, 하나의 프로젝트가 성립된다. 그렇게 생각하면 사람이나 조직을 움직이는 것은 결국 '인간력'이라고 할 수 있지 않을까?

기세가 좋을 때는 아무래도 자신을 뒷받침해주고 있는 사람들에게 고마워하는 마음을 잃어버리기 쉽다. 실패나 위기는 그런 실수를 깨닫게 해주는 특효약이지만, 가능하다면 불필요한 실패는 하고 싶지 않은 법이다. 그러니 매일 실시하는 밤 프로그램에 감사의 명상을 루틴으로 도입하자.

초보자용: 감사라고 해도 어렵게 생각할 필요는 전혀 없다. 매일 자신이 만나는 가족이나 회사 동료, 부하직원, 상사, 거래처 사람들에게 고마워하는 것이다. 이때 중요한 점은 막연히 고마워하는 것이 아니라 실제로 자신에게 해준 일, 자신을 도와준 일을 구체적으로 하나하나 되돌아보는 것이다. 이를테면 부하직원이 회의 전에 자료를 복사해 나눠줬다거나, 귀갓길에 들른 편의점의 점원이 봉투가 찢어질까봐 두 겹으로 튼튼하게 만들어서 담아줬다거나, 집에서 아내가 요리를 해놓고 기다려줬다거나 하는 것들이다. 운동선수라면 감독이나 코치, 팀 동료들에 대한 구체적인 감사 사항을 되돌아본다.

중상급자용: 본격적인 방법은, 어머니나 아버지, 할머니, 할아버지, 양육자, 당시의 선생님이나 코치 등 대상자를 한 명 정하고 ①

초등학교 입학 전, ②초등학교 저학년, ③초등학교 고학년, ④중학교, ⑤고등학교, ⑥대학교, ⑦사회인의 시기에 도움을 받았던 일을 구체적으로 하나하나 되돌아본다.

가령 '어머니'를 대상자로 정하고 되돌아보는 시기를 '초등학교 저학년'으로 설정했을 경우, '운동회 전날, 밤늦게까지 운동복에 이름표를 꿰매주셨지……'라는 식으로 구체적인 사항을 머릿속에 떠오르는 대로 되돌아본다. 그날 되돌아보고 싶은 대상과 시기를 직감적으로 골라도 좋고, 일주일 단위로 대상자를, 요일별로 시기를 바꾸는 식이어도 상관없다. 대상자가 친족이 아닌 양육자여도 무방하다.

성장 과정에서 도움을 받았던 일을 되돌아보는 명상법은 내용이 조금 진지해지므로 부담스럽게 느껴지는 사람은 초보자용인 매일 만나는 사람을 되돌아보는 명상법을 실천하기 바란다. 또한 휴일 등 사람과 만날 기회가 적은 주말 등을 이용해 차분하게 할 것을 권한다.

이처럼 과거를 되돌아보는 명상법으로 유명한 것이 '내관 요법 內觀療法'이라고 부르는 심리 요법이다. 내관 요법은 본래 평소 자신의 행실을 되돌아보는 정토진종이라는 불교 종파의 명상법인데,

1940년대에 요시모토 이신이 이 명상법을 바탕으로 현재의 원형을 만들었으며 이것이 1960년대에 정신의료 현장에 도입되었다. 그리고 현재는 전 세계에서 현대인이 앓고 있는 마음의 병을 개선하는 심리 요법으로 이용되고 있다. 역사적인 흐름에서 전통적인 요가의 명상법과 내관 요법의 개념은 매우 유사한데, 내관 요법에는 전통적인 요가 명상법의 정수가 담겨 있다는 평가도 있다.

이런 '감사의 명상'을 하면 자신이 인생의 여정을 걷는 가운데 얼마나 많은 사람의 뒷받침을 받으며 오늘에 이르렀는지 깊이 깨닫게 될 것이다. 그 결과 자기 가치관이 높아지고 자기 이미지가 개선되어 긍정적으로 살게 된다. 마인드풀니스나 호흡법을 실천하는 것만으로 마음속 깊은 곳의 문제, 스트레스의 근원에 접근하는 데는 아무래도 한계가 있다.

부디 자기 전에 이런 '감사의 명상'을 습관화해 마음의 건강을 유지하기 바란다.

 승부처 프로그램

멘탈을 2단계로
컨트롤한다

아침 프로그램과 밤 프로그램이 안정상태에서 하는 트레이닝인데 비해 이번에 소개하는 프로그램은 스트레스 상태에서 실시하는 자기 컨트롤 프로그램이다. 승부처 같은 긴박한 상황이 아니더라도 지금 그에 준하는 심리 상태라면 이 프로그램을 실천하기 바란다.

1단계

뇌의 '쾌적 수준'을 컨트롤한다.

승부처에서는 승패라는 결과에 의식이 향하기 쉽다. 뇌 속은 투쟁-도피 모드에 들어가서 편도체가 흥분한 결과 스트레스가 가득한 불쾌한 상태가 된다. 그러므로 먼저 3장에서 설명한 마인드풀니스로 편도체의 흥분을 억제해 이 불쾌한 상태를 완화시킬 필요가 있다. 이 과정을 거치면 뇌의 '쾌적 수준'이 높아져서 예민한 상태인 사람은 집중상태로, 멍한 상태인 사람은 이완상태로 멘탈이 호전된다.

2단계

뇌의 '각성 수준'을 컨트롤한다.

뇌의 쾌적 수준을 컨트롤했다면 그다음에는 '각성 수준'을 컨트롤한다. 저각성 유형(스트레스 시)이거나 지금 집중력을 높이고 싶을 경우는 163쪽에서 소개한 불의 호흡을 3분 동안 실시하자. 불의 호흡이 어려울 경우는 5분 동안의 2:1 호흡으로 대체한다.

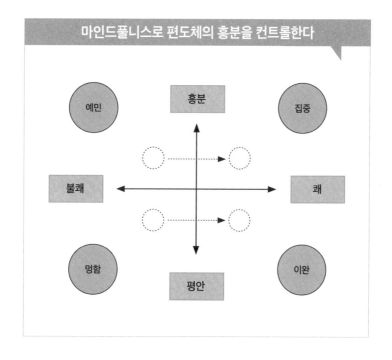

한편 고각성 유형(스트레스 시)이거나 지금 이완상태를 강화하고 싶을 경우는 5분 동안 1:2 호흡을 하자. 특별히 멘탈이 흔들린 상태가 아니거나 어떤 호흡법을 선택해야 할지 모르겠다면 5분 동안 1:1 호흡을 하기 바란다.

①마인드풀니스를 통한 '쾌적 수준'의 컨트롤과 ②호흡법을 통한 '각성 수준'의 컨트롤은 모두 중요한 단계이지만, 시간이 없거나 환경적으로 마인드풀니스를 실시하기가 곤란할 경우는 호흡법을 우선적으로 실시하기 바란다. 호흡법을 실천하는 가운데 호흡에 집중하거나 제하단전에 의식을 향하는 것 자체가 마인드풀니스가 된다. 근육 트레이닝을 해서 육체를 단련하듯이 일상적으로 피크 퍼포먼스 프로그램을 실천하면 멘탈이 강화되어 실생활에 도움을 줄 것이다.

익숙하지 않은 상태에서 승부처 때 자기 컨트롤을 하면 뇌의 각성 수준만 높아지거나 낮아질 뿐 몸은 그 변화를 따라오지 못하는 상태가 되어버린다. 그 결과 몸과 마음이 따로 노는 상태가 되어서 퍼포먼스가 저하되는 현상이 일어나니 주의해야 한다. 평소부터 실천 현장에서 시도해봄으로써 육체와 정신을 적응시키는 과정이 따로 필요하다. 그리고 어떤 프로그램을 어떤 타이밍에 얼마나 실시할 때 가장 퍼포먼스가 높아지는지를 시행착오 속에서 알아낸다면 피크 퍼포먼스 프로그램을 바탕으로 한 자신만의 멘탈 강화 프로그램을 완성시킬 수 있을 것이다.

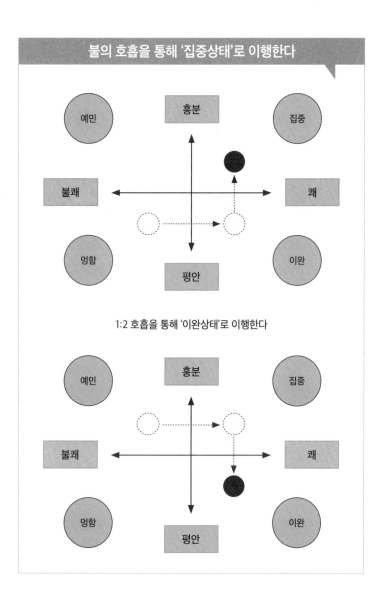

1:2 호흡을 통해 '이완상태'로 이행한다

후기 _____

생각해보면 정신과 관련해서 내게 가장 큰 영향을 준 책은 20세 무렵에 읽었던 미야모토 무사시의 『오륜서』였으며, 이것은 앞으로도 변하지 않을 것이다. 마치 한 글자 한 글자에 에너지가 담겨 있는 것처럼 압도적인 존재감이 느껴졌다. 『오륜서』와 다른 책의 차이는 과연 무엇일까? 글자에 담겨 있었던 힘은 대체 어디에서 온 것일까?

『오륜서』를 처음 읽었을 때는 아직 멘탈에 관해 깊이 연구하기 전이었다. 그렇게 아무것도 몰랐던 시절에 갑자기 『오륜서』가 내 머릿속으로 들어왔고, 한 글자 한 글자에서 에너지가 느껴진다는 뭐라고 말하기 어려운 추상적인 감각을 느꼈다. 지금 되돌아보면 이것은 『오륜서』가 미야모토 무사시라는 병법가이면서 수많은 아수라장을 헤쳐나간 압도적인 실천가가 쓴 책이기 때문이었다. 실제로 무사시는 『오륜서』의 앞머리에서 불교나 유교의 말, 군서軍書, 군사학의 고사故事는 인용하지 않았음을 명시했다. 이렇게 자신이 체험한 바를 자신의 표현으로 이야기했다는 데서 강한 힘을 느꼈던 것이 아닐까 싶다.

전국시대가 막을 내리고 에도시대가 되자 실제로 칼을 뽑는 사무라이의 수가 상당히 줄어들었다. 막부 체제가 확립되자 전쟁 자체도 크게 줄어들었다. 그러나 도장에서 수련을 쌓는 데 만족하지 못한 무사시는 그런 시대의 흐름에 역행하듯이 진검이나 목검을 사용한 결투를 거듭했다. 도장에서 수련하는 것만으로는 얻을 수 없는, 실전에서만 키울 수 있는 감각, 꽃피울 수 있는 능력이 있음을 몸으로 느끼고 있었기 때문이 아닐까 싶다.

이런 수많은 실전 경험을 바탕으로 무사시는 『오륜서』에 실전에서 정신적 측면의 중요성에 관해서도 언급했다. 높은 퍼포먼스를 발휘하기 위해서는 이완과 집중의 균형, 중각성 상태가 중요하다는, 이 책에서 수시로 강조한 부분을 무사시도 명기한 것이다.

> "병법의 도에서 마음가짐은 평상심과 다르지 않게 하라. 평상시에나 병법을
> 써야 할 때나 똑같이 마음을 넓고 솔직하게 먹으며, 심하게 긴장하지 않고, 조
> 금도 헤이해지지 않으며, 마음이 치우치지 않도록 정중앙에 두고, 마음을 조
> 용하게 흔들면서 그 흔들림이 한순간도 그치지 않도록 유의해야 한다."

인간의 마음의 본질, 퍼포먼스를 발휘하기에 좋은 상태는 예나 지금이나 다르지 않음을 알 수 있다. 무사시는 '이런 마음의 상태를 실전에서도 철저히 유지할 수 있는가?', 그리고 '그 상태를 유지하려면 어떻게 해야 하는가?'를 몸소 검증했던 것이다. 이 책의 3장과 4장에서 소개한 마인드풀니스와 호흡법 등의 기초 트레이닝이 무사시가 말하는 일상의 수련이라면 5장에서 소개한 스트레스 트레이닝은 여기에서 한 걸음 더 나아간 실전을 가정한 수련이라고 할 수 있다.

끊임없이 적과 마주했던 장년기 이후, 무사시는 구마모토 번에서 호소카와 번주의 객장으로 만년을 보내며 좌선을 하고 각종 기예를 즐겼다. 이번에는 자신과 마주하기 시작한 것이다. 『오륜서』

를 포함해 무사시의 서화書畵는 대부분 이 무렵 작품이다. 이것은 의식주에 대한 걱정이 없어지고 생사의 갈림길을 오가는 현실과 사고思考의 세계에서 해방되어 감각과 이미지의 세계에 다다랐기에 이룰 수 있었던 업적이라고 할 수 있다. 과거의 위대한 예술가들이 남긴 말을 봐도 예술활동에는 변성의식 상태가 필요한데, 이 변성의식 상태를 만들어내고자 만년에 구마모토의 레이간 동굴에서 좌선에 힘쓰며 알파/세타 상태에서 『오륜서』를 완성한 것으로 생각된다. 세상을 떠나기 일주일 전에 완성했다고 전해지는 것을 보면 모든 에너지, 요가적으로는 쿤달리니 에너지를 전부 써버리지 않았나 싶다. '『오륜서』를 쓰지 않았다면 좀 더 오래 살지 않았을까?'라는 생각이 안 들 수가 없다.

무사시의 생애를 되돌아보면 실로 몸과 마음의 컨트롤이 뛰어난 인물이었음을 엿볼 수 있다. 일상 모드, 전투 모드, 창작 모드……. 각각의 상황마다 최적의 각성 수준, 뇌파 상태로 컨트롤할 수 있는 능력이 매우 뛰어났을 것으로 생각된다. 또한 그 능력은 상당히 후천적으로 만들어진 측면이 강하지 않을까? 매일의 기본적인 자주 트레이닝부터 시작해 다양한 상대와 실전을 거듭하는 가운데 서서히 이런 능력이 형성되었을 것이다.

필자도 '조단석련朝鍛夕鍊', 즉 아침부터 저녁까지 수련에 힘써야 비로소 진정한 힘이 생겨서 어떤 분야의 경지에 오를 수 있다고 적었다. 무사시는 13세부터 29세까지 60회가 넘는 결투를 했으며 단 한 번도 패한 적이 없었지만 그럼에도 자신의 수준에 만족하지 못하고 이후에도 힘든 수련을 쌓은 결과 50세에 비로소 만족할 만한 수준에 도달했다고 한다. 남겨진 초상화 때문에 처음부터 강한 사람이었다는 이미지가 있지만, 그가 얼마나 노력가였는지를 알 수 있는 부분이다. 선천적 요소는 물론 있다. 그러나 후천적으로 만들어지는 힘은 무한대임을 무사시 본인이 직접 증명한 것이 아닐까? 처음부터 강한 사람은 없으며, 다양한 어려움과 마주하면서 시련을 하나하나 극복했을 때 이상적인 자신이 될 수 있는 것이리라.

2010년대가 된 지금은 검을 휘두르는 시대가 아니다. 그 대신 무사시의 시대에는 없던 세계화의 물결과 정보화 사회에서 비롯된 다양한 갈등, 새로운 스트레스가 생겨났다. 이것은 어느 시대에나 그 형태만 다를 뿐 스트레스는 존재함을 말해준다. 그러나 무사시의 사례도 그렇듯이, 우리 인간을 포함한 생물은 스트레스가 있기에 진화할 수 있었다. 만약 외적이 없는 무균 상태였다면 이렇게까지 진화할 수 없었을 터이다. 지구상에는 무수한 박테리아가 존재한다. 그런데도 우리가 태연하게 살 수 있는 이유는 그 박테리아에 대한 저항력을 지니고 있기 때문이다. 스트레스라고 하면 부정적인 이미지가 강하지만, 우리의 진화에 없어서는 안 되는 좋은 파트너이기도 한 것이다.

도망치려고 하면 스트레스는 어디까지라도 쫓아온다. 그러나 냉정하게 마주하며 조금씩 그 상태에 익숙해지면 점점 아무렇지도 않게 된다. 근육 트레이닝을 계속하면 처음에는 무겁게 느껴졌던 중량이 서서히 가벼워지는 현상과 같다. 이것도 스트레스에 대한 적응 현상이다. 이 스트레스 적응능력을 멘탈 강화에 활용하지 않을 이유가 어디에 있겠는가? 이 책에서 소개한 마인드풀니스나 호흡법으로 멘탈의 기초를 만들고, 알파/세타 상태에서 이상적인 자신을 떠올리며, 최종적으로는 그것을 실천 현장에 반영해보기 바란다. 또한 이 책이 여러분의 잠재의식을 끌어내는 계기가 되고 스트레스 사회 속에서도 자신이 지닌 능력을 유감없이 발휘할 수 있도록 돕는다면 그보다 행복한 일은 없을 것이다.

마지막으로, 이 책을 집필할 때 기노시타 소요 씨를 비롯한 다이 아몬드사의 여러분이 객관적인 시점에서 여러 가지 조언을 해주셨다. 진심으로 감사의 마음을 전한다.

쓰지 요시후미

주 _____

머리말

1. Takizawa R, Fukuda M, Kawasaki S, Kasai K, Mikura M, Pu S, Noda T, Niwa S, Okazaki Y; Joint Project for Psychiatric Application of Near-Infrared Spectroscopy(JPSY-NIRS) Group. Neuroimaging-aided differential diagnosis of the depressive state. *Neuroimage* 85(1): 498-507, 2014

2. Kuyken W, Hayes R, Barrett B, Byng R, Dalgleish T, Kessler D, Lewis G, Watkins E, Brejcha C, Cardy J, Causley A, Cowderoy S, Enans A, Gradinger F, Kaur S, Lanhan P, Morant N, Richards J, Shah P, Sutton H, Vicary R, Weaver A, Wilks J, Williams M, Taylor RS, Byford S. Effectiveness and cost-effectiveness of mindfulness-based cognitive therapy compared with maintenance antidepressant treatment in the prevention of depressive relapse or recurrence(PREVENT): a randomised controlled trial. *Lancet* 386(9988): 63-73, 2015.

1장

1. 일본 스포츠 심리학회 편집, 『스포츠 심리학 사전(スポーツ心理学事典)』 다이슈칸 서점, 2008년

2. Sara W. Lazar, Catherine E. Kerr, Rachel H. Wasserman, Jeremy R. Gray,

Douglas N. Greve, Michael T. Treadway, Metta McGarvey, Brian T. Quinn, Jeffery A. Dusek, Herbert Benson, Scott L. Rauch, Christopher I. Moore, and Bruce Fischl. Meditation experience is associated with increased cortical thickness. *Neuroreport* 16(17): 1893-1897, 2005.

3. Hölzel BK, Hoge EA, Greve DN, Gard T, Creswell JD, Brown KW, Barrett LF, Schwartz C, Vaitl D, Lazar SW. Neural mechanisms of symptom improvements in generalized anxiety disorder following mindfulness training. *Neuroimage Clin* 25(2): 448-58, 2013.

4. Hölzel BK, Carmody J, Evans KC, Hoge EA, Dusek JA, Morgan L, Pitman RK, Lazar SW. Stress reduction correlates with structural changes in the amygdala. *Soc Cogn Affect Neurosci* 5(1): 11-7, 2010.

5. Wilson V E and Shaw L. Imagery Assessment and Training with QEEG: Waht you see is not all there is. Case Studies in Applied Psychophysiology: *Neurofeedback and Biofeedback Treatments for Advances in Human Performance*: 47-70, 2011.

6. Brewer JA, Worhunsky PD, Gray JR, Tang YY, Weber J, Kober H. Meditation experience is associated with differences in default mode network activity and connectivity. *Proc Natl Acad Sci USA* 108(50): 20254-9, 2011

7. Wilson V E, Peper E and Moss D. The "mind room" in Italian soccer training. The use of biofeedback and neurofeedback for optimum performance. *Biofeedback* 34(3): 1-3, 2006.

· 닛케이 사이언스 편집부 편집, 『별책 닛케이 사이언스: 마음속을 살핀다―기억과 지각의 뇌과학(別冊日経サイエンス: 心を探る 記憶と知覚の脳科学)』, 닛케이

사이언스사, 2015

· 나가토모 유토(長友佑都), 『나가토모 유토의 요가 친구―마음과 몸을 바꿔주는 신
감각 트레이닝(長友佑都のヨガ友: ココロとカラダを変える新感覚トレーニ
ング)』, 아스카신사, 2016년.

2장

1. Sterman M B. Concepts and applications of EEG analysis performance
   evaluation. *Biological Psychology* 40(1-2): 115-130, 1995.
2. Adolphe R. M Vickers J N and Laplante G. The effects of training visual
   attention on gaze behavior and accuracy: A pilot study. *International
   Journal of Sports Vision* 4(1), 28-33, 1997.
3. 사카이리 요스케(坂入洋右), 나카쓰카 겐타로(中塚健太郎), 신도 유스케(進藤
   友介), 미하라 준(三原淳), 「스포츠에서 심리 상태(각성 수준)의 연구법: 시간 경
   과, 과제 차이, 개인 차이의 요인의 2차원 기분 척도를 이용한 검토(スポーツにお
   ける心理状態 (覚醒水準) の研究法 : 時間経過・課題差・個人差の要因の
   二次元気分尺度を用いた検討)」《일본 스포츠 심리학회 제36회 대회 연구 발표
   초록집: 206-207》, 2009년.
4. Dusek JA, Otu HH, Wohlhueter AL, Bhasin M, Zerbini LF, Joseph MG,
   Benson H, Libermann TA. Genomic counter-stress changes induced by
   the relaxation response. *PloS One* 3(7): e2576, 2008.

3장

1. 고타니 야스노리(小谷泰則), 「뇌의 활동과 운동: 뇌에서 본 정동과 퍼포먼스(脳の働きと運動：脳から見た情動とパフォーマンス)」《체육의 과학, 56: 32-36》, 2006년

· 오자와 다카시(小沢隆)/쓰지 요시후미, 『요가×무도—궁극의 멘탈을 만든다! 자신·타인을 상대하기 위한 멘탈 트레이닝(ヨガ×武道 究極のメンタルをつくる! 対自分・対他者 心のトレーニング)』 BAB 재판, 2016년.

4장

1. Song HS, Lehrer PM. The effects of specific respiratory rates on heart rate and heart rate variability. *Appl Psychophysiol Biofeedback* 28(1): 13-23, 2003.

2. Reiner, R. Integrating a portable biofeedback device into clinical practice for patients with anxiety disorders: results of a pilot study. *Appl Psychophysiol Biofeedback* 33: 55-61, 2008.

3. Henriques G, Keffer S, Abrahamson C, Horst SJ. Exploring the effectiveness of a computer-based heart rate variability biofeedback program in reducing anxiety in college students. *Appl Psychophysiol Biofeedback* 36(2): 101-12, 2011.

4. McLay R N and Spira J L. Use of a portable biofeedback device to improve insomnia in a combat zone: a case report. *Appl Psychophysiol*

Biofeedback 34: 319-321, 2009.

5. Karavidas, M. K., Lehrer, P. M., Vaschillo, E., Vaschillo, B., Marin, H., Buyske, S., et al. Preliminary results of an open label study of heart rate variability biofeedback for the treatment of major depression. *Appl Psychophysiol Biofeedback* 32:19-30, 2007.

6. Siepmann, M., Aykac, V., Unterdörfer, J., Petrowski, K., and Mueck-Weymann, M. A pilot study on the effects of heart rate variability biofeedback in patients with depression and in healthy subjects. *Appl Psychophysiol Biofeedback* 33: 195-201, 2008.

7. Patron E, Messerotti Benvenuti S, Favretto G, Valfrè C, Bonfà C, Gasparotto R, Palomba D. Biofeedback assisted control of respiratory sinus arrhythmia as a biobehavioral intervention for depressive symptoms in patients after cardiac surgery: a preliminary study. *Appl Psychophysiol Biofeedback* 38(1): 1-9, 2013.

8. McCraty R, Atkinson M, Lipsenthal L, Arguelles L. New hope for correctional officers: an innovative program for reducing stress and health risks. *Appl Psychophysiol Biofeedback* 34(4): 251-72, 2009.

9. Zucker T L, Samuelson K W, Muench F, Greenberg M A, Gevirtz R N. The effects of respiratory sinus arrhythmia biofeedback on heart rate variability and posttraumatic stress disorder symptoms: a pilot study. *Appl Psychophysiol Biofeedback* 34: 135-143, 2009.

10. Tan G, Dao TK, Farmer L, Sutherland RJ, Gevirtz R. Heart rate variability (HRV) and posttraumatic stress disorder (PTSD): a pilot study. *Appl Psychophysiol Biofeedback*. 36(1): 27-35, 2011.

11. Nolan RP, Floras JS, Harvey PJ, Kamath MV, Picton PE, Chessex C, Hiscock N, Powell J, Catt M, Hendrickx H, Talbot D, Chen MH. Behavioral neurocardiac training in hypertension: a randomized, controlled trial. *Hypertension* 55(4): 1033-9, 2010.

12. Wang SZ, Li S, Xu XY, Lin GP, Shao L, Zhao Y, Wang TH. Effect of slow abdominal breathing combined with biofeedback on blood pressure and heart rate variability in prehypertension. *J Altern Complement Med* 18(2): 143-52, 2012.

13. Lin G, Xiang Q, Fu X, Wang S, Wang S, Chen S, Shao L, Zhao Y, Wang T. Heart rate variability biofeedback decreases blood pressure in prehypertensive subjects by improving autonomic function and baroreflex. *J Altern Complement Med* 18(2): 143-52, 2012.

14. Nolan R P, Kamath M V, Floras J S, Stanley J, Pang C, Picton P, el al. Heart rate variability biofeedback as a behavioral neurocardiac intervention to enhance vagal heart rate control. *Am Heart J* 149, 1137. e1-1137.e7, 2005.

15. Lehrer P, Vaschillo E, Vaschillo B, Lu S E, Scardella A, Siddique M, et al. Biofeedback treatment for asthma. *Chest* 126: 352-361, 2004.

16. Hassett A L, Radvanski D C, Vaschillo E G, Vaschillo B, Sigal L H, Karavidas M K, et al. A pilot study of the efficacy of heart rate variability (HRV) biofeedback in patients with fibromyalgia. *Appl Psychophysiol Biofeedback* 32: 1-10, 2007.

17. Strack B W. Effect of heart rate variability(HRV) biofeedback on batting performance in baseball. *Diss Abstr Int BSci Eng* 64: 1540, 2003.

18. Shaw, L. Setting the balance: Assessment of a biofeedback intervention for improving competitive performance with a Division I gymnastics beam team. *Diss Abstr Int BSci Eng* 71: 4496, 2011.

19. Paul M and Garg K. The effect of heart rate variability biofeedback on performance psychology of basketball players. *Appl Psychophysiol Biofeedback* 37: 131-144, 2012.

20. Vaschillo E, Lehrer P, Rishe N, Konstantinov M. Heart rate variability biofeedback as a method for assessing baroreflex function: a preliminary study of resonance in the cardiovascular system. *Appl Psychophysiol Biofeedback* 27: 1-27, 2002.

21. Lehrer P, Vaschillo B, Zucker T, Graves J, Katsamanis M, Aviles M, et al. Protocol for Heart Rate Variability Biofeedback Training. *Biofeefback* 41: 98-109, 2013.

22. Lehrer P M and Gevirtz R. Heart rate variability biofeedback: how and why does it work? *Front Psychol* 5: 756, 2014.

23. Mohammadi MR, Malmir N, Khaleghi A, Aminiorani M. Comparison of Sensorimotor Rhythm (SMR) and Beta Training on Selective Attention and Symptoms in Children with Attention Deficit/Hyperactivity Disorder (ADHD): A Trend Report. *Iran J Psychiatry* 10(3): 165-74, 2015.

24. Gomes JS, Ducos DV, Akiba H, Dias ÁM. A neurofeedback protocol to improve mild anxiety and sleep quality. *Rev Bras Psiquiatr* 38(3): 264-5, 2016.

25. Gruzelier J, Egner T, and Vernon DJ. Validating the efficacy of neurofeedback for optimising performance. *Prog Brain Res* 159: 421-31,

2006.

26. de Zambotti M, Bianchin M, Magazzini L, Gnesato G, Angrilli A. The efficacy of EEG neurofeedback aimed at enhancing sensory-motor rhythm theta ratio in healthy subjects. *Exp Brain Res* 221(1): 69-74, 2012.

5장

1. 구마노 히로아키(熊野宏昭), 『스트레스에 지지 않는 생활—마음 · 신체 · 뇌의 셀프 케어(ストレスに負けない生活—心・身体・脳のセルフケア)』 치쿠마신서, 2007년

2. Schmidt EM, Linz B, Diekelmann S, Besedovsky L, Lange T, Born J. Effects of an interleukin-1 receptor antagonist on human sleep, sleep-associated memory consolidation, and blood monocytes. *Brain Behav Immun* 47: 178-85, 2015.

· 오자와 다카시/쓰지 요시후미, 『요가×무도—궁극의 멘탈을 만든다! 자신 · 타인을 상대하기 위한 멘탈 트레이닝』 BAB 재팬, 2016년.

· 《빌리어드 CUE'S》, 2017년 7월호, BAB 재팬, pp.84-89, 2017년.

· 《빌리어드 CUE'S》, 2017년 11월호, BAB 재팬, pp.36-41, 2017년.

· 이카이 미치오(猪飼道夫), 『운동 생리학 입문(運動生理学入門)』 교린서원, 1969년.

· 《월간 비전(秘伝)》, 2013년 8월호, BAB 재팬, pp.35-40, 2013년.

1. Raymond J, Varney C, Parkinson LA, Gruzelier JH. The effects of alpha/ theta neurofeedback on personality and mood. *Brain Res Cogn Brain Res* 23(2-3): 287-92, 2005.

2. Moore NC. A review of EEG biofeedback treatment of anxiety disorders. *Clin Electroencephalogr* 31(1): 1-6, 2000.

3. Peniston E and Kulkosky P. Alpha-Theta Brainwave Neuro-Feedback f or Vietnam Veterans with Combat-Related Post-Traumatic Stress Disorder. *Medical Psychotherapy: An international Journal* 4: 47-60, 1991.

4. Peniston EG, Kulkosky PJ. Alpha-theta brainwave training and beta-endorphin levels in alcoholics. *Alcohol Clin Exp Res* 13(2): 271-9, 1989.

5. Saxby E, Peniston EG. Alpha-theta brainwave neurofeedback training: an effective treatment for male and female alcoholics with depressive symptoms. *J Clin Psychol* 51(5): 685-93, 1995.

6. William C Scott, David Kaiser, Siegfried Othmer, Stephen I. Sideroff. Effects of an EEG biofeedback protocol on a mixed substance abusing population. *The American Journal of Drug and Alcohol Abuse* 31: 455-469, 2005.

7. Gruzelier J. A theory of alpha/theta neurofeedback, creative performance enhancement, long distance functional connectivity and psychological integration. *Cogn Proces 10 Suppl* 1: S101-9, 2009.

8. Egner T and Gruzelier JH. Ecological validity of neurofeedback: modulation of slow wave EEG enhances musical performance. *Neuroreport* 14(9):

1221-4, 2003.

9. Raymond J, Sajid I, Parkinson LA, Gruzelier JH. Biofeedback and dance performance: a preliminary investigation. *Appl Psychophysiol Biofeedback* 30: 65-73, 2005.

10. Green E, Green, A, Walters D. Voluntary control of internal states: psychological and physiological. *Journal of Transpersonal Psychology*, 1, 1-26, 1970.

후기

· 미야모토 무사시(宮本武蔵) 지음, 우오즈미 다카시(魚住孝至) 편집, 『오륜서: 비기너스 일본의 사상(五輪書: ビギナーズ 日本の思想)』, 가도카와소피아문고, 2012년.

결정적 순간의 근성, 자신감, 집중력 트레이닝

최강 멘탈

1판 1쇄 찍음   2020년 4월 6일
1판 1쇄 펴냄   2020년 4월 13일

지은이   쓰지 요시후미
옮긴이   김정환
펴낸이   조윤규
편집   민기범
디자인   홍민지

펴낸곳   (주)프롬북스
등록   제313-2007-000021호
주소   (07788) 서울특별시 강서구 마곡중앙로 161-17 보타닉파크타워1 612호
전화   영업부 02-3661-7283 / 기획편집부 02-3661-7284 | 팩스 02-3661-7285
이메일   frombooks7@naver.com

ISBN   979-11-88167-28-9 03320

이 도서의 국립중앙도서관 출판예정도서목록(CIP)은 서지정보유통지원시스템 홈페이지(http://seoji.nl.go.kr)와 국가자료공동목록시스템(http://www.nl.go.kr/kolisnet)에서 이용하실 수 있습니다. (CIP제어번호 : CIP2020004786)